리셋,
다시 나로 살고 싶은
당신에게

일 때문에 죽을 뻔한 그녀의 번아웃 탈출기

리셋, 다시 나로 살고 싶은 당신에게

1판 1쇄 인쇄 2021년 10월 10일
1판 1쇄 발행 2021년 10월 20일

지은이 사다인(김가영)
펴낸이 송준화
펴낸곳 아틀라스북스
등 록 2014년 8월 26일 제399-2017-000017호

기획편집총괄 송준화
마 케 팅 총 괄 박진규
디자인 김민정

주소 (12084) 경기도 남양주시 청학로 78 812호(스파빌)
전화 070-8825-6068
팩스 0303-3441-6068
이메일 atlasbooks@naver.com

ISBN 979-11-88194-31-5 (13320)
값 16,000원

사다인 지음

리셋,
다시 나로 살고 싶은
당신에게

일 때문에 죽을 뻔한
그녀의 **번아웃 탈출기**

아틀라스
북스

비범한 당신에게

'어떻게 살아야 하나.'

어느 여름, 나는 한낮의 태양을 머금은 고층 빌딩에서 이 질문에 대한 답을 찾고 있었다. 몸과 마음은 번아웃과 우울증으로 금방이라도 쓰러질 듯 위태로웠고, 일상의 모든 것이 끔찍한 트라우마로 변하고 있었다. 어딘가 잘못되어도 크게 잘못된 듯했지만, 그저 모든 게 막연했다. 전문가들은 모든 것을 내려놓고 쉬기를 권했지만, 나는 그마저도 확신할 수 없어 우물쭈물했다.

그러다 돌연, 내 삶의 모든 것이 멈춰 섰다. 마치 보이지 않는

투명한 실에 걸려 넘어진 듯했나. '뭐지?' 하고 일어났는데 눈앞에 낭떠러지가 펼쳐져 있었다. 그 공포는 상당했다. 길은 더 이상 보이지 않았고 나는 그대로 주저앉아 목놓아 울었다.

무엇이 내 삶을 이토록 공포스러운 곳으로 만들어 놓았을까. 아무리 생각해도 알 수가 없었다. 그저 열심히 공부하고, 취직해서 열심히, 평범하게 살았을 뿐인데 도대체 무엇이 문제였던 걸까. 이런 생각은 '어떻게 살아야 하나'라는 질문을 다시 이렇게 바꿔 놓았다.

'어떻게 살았어야 했나.'

이 질문에 대한 답을 찾기 위해 과거를 돌아보았다. 기억의 조각들을 끌어모아 들여다보기도 하고 재구성해 보기도 했다. 하지만 여전히 답이 무엇인지는 확신할 수 없었다.

우리는 스스로를 믿지 못할 때 다른 곳에서 답을 구하려는 경향이 있다. 인터넷에 검색하거나, 전문가를 찾거나, 약이나 민간요법, 종교를 통해 답을 얻으려 한다. 하지만 그렇게 해서 얻는 답은 꽤나 역설적이다. 그 답 역시 결국 내 안에서 낸 결론이기 때문이다.

나 역시 그랬다. 한동안 다른 곳에서 답을 찾고, 그 답을 의심하고, 동시에 아무도 믿지 못하는 상태에 머물러 있었다. 당연히 내 삶은 전혀 달라지지 않았다.

나는 '나에게 어떤 일이 일어나고 있는지', '그 이유가 무엇인지' 알고 싶었다. 그리고 '그래, 이렇게 살았어야 했어!'라는 유레카를 찾고 싶은 절실한 마음으로 심리학과 뇌 과학을 공부하기 시작했다.

서재에 틀어박혀 수십여 권의 책과 논문을 읽고 정리하며 내게 일어난 현상의 이유를 찾을 수 있길 바랐다. 심리상담실이나 정신과에서 설명해 주지 않는 것들, 심리학자나 의사들이 알고 있는 일반적인 진실, 과학적 사실들을 스스로 이해할 수 있길 바랐다. 삶이 답답했던 만큼 책을 통해 얻어 낸 지식과 깨달음은 많았다.

- 몸과 마음이 지친 상태가 되면 뇌에서 어떤 일이 일어나는지
- 현재에 영향을 주고 있는 트라우마가 무엇인지
- 트라우마가 왜 현재에 영향을 주는지
- 공황장애와 우울증이 왜 오는지
- 지속적인 스트레스를 받으면 뇌에선 어떤 일이 일어나며, 뇌세포들이 어떤 작용을 하는지
- 우울할수록 왜 몸을 움직여야 하고 빛을 봐야 하는지
- 의사들은 왜 그런 약들을 처방하며, 그 약들은 대체 무슨 작용을

하는지

어려운 뇌 과학 용어들이 가득한 번역서를 읽기는 쉽지 않았다. 하지만 몇 번씩 반복해서 읽고 정리하다 보니 퍼즐이 맞춰지듯 서서히 내 몸과 마음의 언어를 이해할 수 있게 되었다. '아! 의사 선생님이 그래서 그런 말을 하셨던 거구나!' 이런 깨달음은 삶을 변화시키기 위한 실천으로 이어지는 데 충분한 동기가 되었다.

과한 욕심일진 모르겠지만, 이 책을 통해 내가 얻은 지식과 깨달음이 나와 비슷한 증상으로 고통받는 사람들, 비슷한 상황에 놓인 사람들에게 전해지고, 힘이 되었으면 한다.
때론 고통을 겪는 사람들에게 '힘내'라는 위로조차 할 수 없는 순간이 있다. 각자의 사연에는 그만이 아는 고통이 녹아있고 누구도 그 영역에 들어설 수 없기에. 그럴 때 나는 나의 이야기를 통해 그들이 문제를 풀어갈 '단서'를 얻을 수 있기를 희망하는 편이다.
어쩌면 이 책을 집어 든 당신도 숨 막히게 힘든 상황에서 어떻게든 살아 내려 안간힘을 쓰는 중인지 모르겠다. 그런 당신이 알았으면 하는 지식을 나는 책을 통해 이야기하고자 했다. 작년 여름 내가 나에게 했던 이 말을 당신에게도 해 주고 싶었다.

"너는 결코 평범하지 않아. 너는 너 자체로 충분히 특별해."

　평범한 직장인의 삶은 특별할 것이 없다. 그런 까닭에 많은 이들이 평범함 뒤에 가려진 개인의 삶을 들여다보려 하지 않는다. 시대가 변했지만, 여전히 수만 가지 얼굴을 한 개인의 삶들이 '평범함'이라는 가면 뒤에서 극심한 정신적, 육체적 고통을 당연한 듯 견뎌내고 있다.

하지만 평범함이 무너지는 순간은 결코 평범하지 않다. 그 원인이 번아웃이든 또 다른 고통이든, 적어도 그 순간만큼은 평범함에 가려져 있던 한 개인의 삶이 드러난다. 평범함을 상실하는 과정과 결과는 사람마다 다른 의미를 갖는다. 단지 삶의 시행착오 중 하나가 될 수도, 삶을 변화시키는 중대한 사건이 될 수도 있다. 나는 평범함의 무너짐이 오히려 우리에게 무기력함에 마취되어 있던 삶에서 깨어날 기회이자, 삶을 더 사랑하게 되는 계기가 될 수 있다고 본다.

　이 책은 환자, 내담자, 직장인으로서의 평범함을 다루고 있다. 하지만 결국은 평범함의 굴레에서 벗어나는 이야기이다. 주어진 환경에서 최선을 다했지만 결국은 자기 자신을 상실해 버린 한 사람이 삶의 깨달음을 얻게 되는 과정, 그 과정을 통해 '자기다움'을 회복해 가는 이야기다. 나는 독자들이 나의 이야기를 통해 자기 자신과 마주하는 시간을 가졌으면 좋겠다. 더 나아가서는 '비범한' 자기 자신을 발견할 수 있다면 더없이 기쁠 것 같다.

　'어떻게 살아야 행복할까?'
다시 여름, 고층 빌딩이 아닌 서재에서 이 질문을 해 본다. 이 질문을 통해 평범하지 않은 나, 비범한 나를 마주한다. 행복에는 거창한 용기가 필요치 않음을 깨닫는다. 우리에겐 그저 스스로 관리 가능한 삶이 필요할 뿐임을, 그 관리는 비범한 나만이 할 수 있음을 이젠 '안다'.

어느 여름, 사다인(김가영)

[2장] 번아웃 탈출 솔루션 1 : 몸의 신호에 귀 기울이기

[5장]
번아웃 예방 솔루션 1 : 가짜 자존감 내려놓기

[6장]
번아웃 예방 솔루션 2 : 삶의 균형 바로잡기

[7장] 🎈
우리는 모두 시행착오를 겪는다

[1장]
나의 번아웃 스토리 :
모든 것은 번아웃으로 시작되었다

[01]

나를 하얗게 불태운 대가가
번아웃이라고?

"전형적인 공황장애 증상입니다. 그것도 중증이에요. 우울증도 심하고요. 현재 상태로는 장기간의 치료가 필요해 보입니다."

따스한 어느 봄날, 나는 공황장애와 우울증 진단을 받았다. 두 가지 모두 심각한 상태로 진단되었다.

실제로 나는 그때 삶에서 열정이 사라진 상태였다. 무엇을 해도 삶의 의미를 찾지 못했다. 입맛이 없어 끼니를 자주 걸렀고, 앙상하게 마른 몸에는 언제나 힘이 없었다. 가끔 침을 삼키면 목구멍에서 묵직한 덩어리가 느껴지곤 했다.

리셋, 다시 나로 살고 싶은 당신에게

가슴이 답답해 자주 한숨을 쉬었다. 때로는 이유 없이 눈물이 나거나 심한 공포감으로 몸을 떨었다.

나란 사람은 복잡하게 꼬인 실타래처럼 얽히고설켜 풀어낼 방법이 없어 보였다. '어디서부터 잘못된 것일까?' 명료한 이유를 찾을 수 없었다. 나를 제외한 모든 것은 그대로였다. 모든 것은 번아웃으로 시작되었다. 번아웃(Burnout) 증후군이 무엇인지는 뉴스나 인터넷에서 본 적이 있었다. 어느 시점부터 느껴온 무기력, 의욕 상실은 번아웃 증후군 증상인 듯했다. 직업과 관계없이 과도한 업무를 하다 보면 수면 부족, 몸살, 감기 증상이 나타나는데, 심한 경우 만성피로, 불안증, 공황장애로 이어지기도 한다. 내 경우는 후자였다.

'일을 얼마나 했길래 공황장애까지?'
이제 막 책을 읽기 시작한 당신은 궁금할 수 있다. 어쩌면 이미 나와 비슷한 증상을 앓고 있을지도 모르겠다. 사실 과로한다고 해서 모두 나처럼 되지는 않는다. 그러니 질문을 조금 바꿔 보면 좋겠다.
'어떻게 살면 그렇게 될 수 있나?'

열심히 산다고 해서 번아웃이 오지는 않는다

잠시 내 이야기를 하고자 한다. 나는 스물일곱 살까지 무엇을 하며 살아야 할지 몰라 고민이 많았던 청년이었다. 어렸을 때부터 줄곧 화가가 되고 싶었지만, 현실적인 이유로 디자인과를 선택했다. 어렵게 명문대에 합격했지만, 디자인보다 영화와 미학, 예술철학에 관심이 많았다.

본격적으로 미학 공부를 하고 싶어 독일 유학을 준비한 적도 있었다. 결과적으로 잘 안 되었다. 열정페이, 비싼 대학 등록금, 아버지 사업의 실패. 당시 나는 여러 가지로 좌절해 있었다. 앞으로 살아가기 위해 돈이 필요하다는 사실은 알았지만, 돈 때문에 회사원이 되고 싶지는 않았다.

하지만 나는 돌고 돌아 결국 회사원이 되었다. 취직 이후 가끔 회사에서 이런 이야기를 하면 동료들이 이렇게 되묻곤 했다.

"진짜요? 과장님이요? 누가 봐도 그냥 커리어 우먼인데."

그렇다. 돈 때문에 회사원이 되고 싶지 않았지만 결국은 어느 대기업의 회사원이 되었다. 조금 아이러니하게 들릴지 모르겠지만, 나는 하고 싶은 일을 하기 위해 직장생활을 시작했다. 동년배 친구들은 이미 사원 2~3년 차가 된 시점이었다.

사실 나는 독일 유학이 좌절되고 나서 취업하기 전까지 얼마간 방황을 했다. 그런 나를 지켜보던 엄마는 고향에서 미술학원을 차려 보라고 권했다. 당장 할 일이 떠오르지 않았던 나는 엄마의 제안을 받아들였다. 학생들을 가르치는 일은 재밌기도 했다. 하지만 언제까지나 그 일을 할 수는 없을 듯했다.

　　고민 끝에 대학 때 재밌게 했던 UX(User Experience) 디자인 프로젝트를 떠올렸고, 그 프로젝트와 비슷한 일을 해야겠다고 생각했다. 하지만 경력도 없이 당장 입사하기란 역부족이었다. 전문성을 키워야겠다는 생각이 들어 대학원에 들어갔다. 일단 취업을 해 돈을 벌면서 대학원 공부를 하기로 계획한 것이다. 엄마는 직장에 다니면서 대학원 공부를 하겠다는 내 계획에 반대했다. 하지만 나는 무리해서라도 공부를 더 하고 싶었다. 그렇게 취업을 위해 공부하고, 공부하기 위해 취업하는 아이러니 속에서 나의 직장생활이 시작되었다.

　　서울살이는 무엇을 하든 돈이 들었다. 엄마가 월세 보증금과 초기 정착금을 지원해 주셨지만, 대학원 등록금을 내고 나니 얼마 안 가서 돈이 바닥나 버렸다. 사회 초년생의 연봉으로 월세와 생활비, 학기마다 700만 원을 훌쩍 넘는 등록금을 충당하기는 쉽지 않았다. 허리띠를 졸라매고 모아도 학자금 대출에서 벗어나긴 어려웠다.

'대학교 학자금 대출을 갚은 지 얼마 되지도 않아서 또 학자금 대출이네. 열심히 해서 더 많이 버는 회사로 가야겠다.'

일찌감치 대기업에 들어가 자리 잡은 친구들은 해외여행을 다니고, 명품가방을 사거나 SNS에 웨딩 촬영한 사진을 올리기 시작했다. 그런 친구들을 보면서 나는 참 갈 길이 멀다 싶었다. 할 일은 많고, 경제적으로 여유롭지 못한 만큼 마음은 점점 조급해졌다.

•━•⁄•━•━•

늘 그렇듯, 빨리 뭔가를 해야 한다는 생각은 강박과 조급함으로 삶을 물들였다. 그 당시 나를 움직였던 동력은 열정보다는 열등감에 가까웠다.

그 동력으로 낮에는 회사에서 일하고, 저녁에는 대학원 수업을 들었다. 주말에는 대학원 과제를 했고, 대학원 수업이 없는 날엔 다른 실무 강의를 듣거나 영어학원에 다녔다.

디자이너라는 직업 특성상 늦은 시간까지 야근하는 날이 많았다. 열한 시가 다 되어 자취방으로 돌아오면 그제야 대학원 과제를 시작했다.

전공 수업들은 실제로 밖을 돌아다니며 리서치를 하고 공들여

정리해야 하는 과제가 많았다. 밤새 과제를 하다 보면 출근 기상 알람이 울렸다. 그렇게 한숨도 자지 않은 상태로 곧바로 샤워하고 출근하는 날들이 이어졌다.

일과 공부. 두 마리 토끼를 잡으려다 보니 늘 시간에 쫓겼다. 회사에서 오후 다섯 시 반까지 주어진 일을 끝내야 했기에 점심은 빵으로 때우거나 거르기 일쑤였다. 팀장님께 메일을 보내고 도망치듯 회사를 뛰쳐나와 전철역으로 달려갔다. 전철에 몸을 싣고 나면 가방에서 프린트된 논문들을 꺼내 읽기 시작했다. 매주 대학원 수업을 받기 전에 읽어 가야 하는 논문들이었다. 대학원 수업이 끝나면 동기들과 카페에서 공모전 준비를 하거나 학회 논문을 썼다. 카페 영업시간이 다 되어 동기들과 헤어져 자취방으로 돌아오면 시계는 자정을 가리키고 있었다.

바쁘고 열심히 산 데에는 비싼 대학원 등록금도 한몫했다. 피곤하고 힘들어도 등록금을 생각하면 쉴 수 없었다. 대학원은 애초에 '가성비'의 영역이 아니었음에도 나는 최대한 시간을 쪼개어 강의를 들었다. 타 전공 수업을 청강하고 이미 들었던 수업도 교수님이 바뀌면 또 듣곤 했다. 청강 수업이라 해도 빠짐없이 출석하고 팀 과제와 소논문을 제출했다. 한 번은 나를 물끄러미 지켜보던 교수님이 물었다.

"가영 씨는 청강인데 왜 이렇게 열심히 하죠?"

"교수님이 열심히 안 할 거면 청강하지 말라고 하셨잖아요."

그땐 그렇게 툭 던지며 웃었지만, 차마 등록금이 아까워서라고 할 수가 없었다.

나름 저축한다고 했지만 언제나 돈이 부족했다. 때때로 웹진 기자로 활동하고 원고료를 받거나, 표지 디자인 아르바이트를 해서 용돈 벌이를 했지만 월세, 생활비, 학비를 감당하기엔 충분치 않았다. 시간과 체력을 최대치로 쓰고 있었지만 밑 빠진 독에 물 붓기를 하듯 돈이 모이지 않았다. 조금씩 오기가 생겼다.

'지금보다 더 많은 돈을 벌려면 능력을 더 키워야 해. 더 열심히 살아야겠다. 지금처럼 일하고 공부해선 어림도 없겠어.'

이야기의 결말은 평범하다. 우여곡절 끝에 무사히 석사 학위를 받고 원하는 회사에 들어갔다는 것이다. 특별함이라곤 없는 정말 평범한 한 사람의 이야기다. 건실한 사회의 일원으로 구실하기 위해, 어쩌면 당연한 평범함을 쟁취하기 위해 치열하게 살았던 과거의 한 토막이다.

그렇게 열심히 바쁘게 산다고 해서 다 번아웃이 오는 것도, 우울증과 공황장애가 오는 것도 아니다.

번아웃은 멈춰야 할 때 멈추지 않아서 온다

우리는 종종 시간이 멈추었으면 좋겠다고 생각하지만 스스로 멈출 생각은 하지 못한다. 몸과 마음이 끊임없이 경고 신호를 보내도 멈출 생각이 들지 않는다.

나 또한 직장인 3년 차가 될 때까지는 '번아웃'이란 단어조차 몰랐다. 힘들어도 며칠 쉬고 나면 금방 회복이 되었기에 앞으로도 계속 그러리라고 믿었다. 큰 착각이었다.

대학원 졸업 후 회사를 옮겼다. 소위 업계에서 실력을 인정받는 '잘나가는' 회사였고, 대학원을 다니기 전부터 하고 싶었던 일을 할 수 있는 곳이었다. 그 회사에 입사하기 전 면접에서 이런 질문을 받았다.

"미리 얘기하지만, 이 일은 매우 힘듭니다. 업무 강도가 아주 높아서 체력도 좋아야 하고, 높은 집중력과 사고력, 순발력도 필요합니다. 할 수 있겠습니까? 자신 없으면 그냥 가셔도 됩니다."

당신이라면 이 질문에 뭐라고 답하겠는가. 고백하건대, 나는 이 질문을 받았을 때 도전 의지가 불타올랐다. 가슴이 뛰었다. 이제껏 치열하게 달려왔으니 그 일도 해낼 자신이 있었다. 다가올 미래는 예상하지 못한 채, 주저 없이 "네, 물론 할 수 있습니다"라고 답했다.

막상 입사하고 보니 상상 이상이었다. 지금껏 경험해 보지 못한 업무 강도와 스트레스가 나를 극한으로 몰아가고 있었다. 대학원을 병행하며 일을 했던 이전 회사와는 차원이 달랐다. 고민해야 할 일도 결정해야 할 일도 많았지만, 경험이 부족했던 나는 많이 헤매고 있었다.

시간이 없는 상황에서 어떻게 할지 모른다는 것은 엄청난 압박과 스트레스였다. 감정 조절이 되지 않았고, 몸은 여기저기 안 아픈 데가 없었다. 매일 복통과 설사, 위경련이 수시로 일어나 약을 한 움큼씩 삼켰다.

프로젝트가 끝날 때쯤이면 어김없이 탈진이 왔다. 그러거나 말거나, 회사는 3~4일 정도 쉬면 새로운 프로젝트를 맡겼다. 어딘가 무기력한 느낌이 들었지만, 단지 체력이 떨어진 탓이라 여기며 체력을 보강해 줄 만한 영양제들을 사 먹었다.

해마다 연차가 쌓이고 직급이 바뀌면서 업무는 복잡해지고 책임은 늘어났다. 매년 더 머리 아프고 힘들어지는 듯했다. 하지만 그 역시 적응의 과정이라 여기고 버텼다.

'내가 지금 힘들다는 건 사치야. 프로는 달라야지. 빈틈을 보여선 안 돼. 전문가로 보여야 해.'

프로가 되어야 한다고, 나 자신에게 되뇌고 또 되뇌었다.

이 상황을 탈출하려면 능력을 더 길러야 한다고 나 자신을 설득했다. 주말이면 피로로 점철된 몸을 이끌고 학원에 가서 4~5시간가량 실무강의를 들었다. 해외 유명 학회에 논문을 투고하려 자료를 모으고, 글을 썼다.

그땐 그렇게 하는 것 외에 달리 방법이 없었다. 노력하는 만큼 행복에 가까워질 수 있으리라 믿었고 '다들 이렇게 사니까'라고 생각했다. 계속해서 달리기만 하던 인생에는 '중지 버튼'이라는 것이 없었다. 몸과 마음은 그렇게 서서히, 무너지고 있었다.

[02]

어느 날 헤어날 수 없는
무기력이 찾아왔다

우리가 제때 에너지를 충전하지 못하는 이유는 다양하다. 회사에서 정한 데드라인 때문에, 막중한 책임감 때문에, 중간에 치고 들어온 다른 일 때문에. 우리는 쉼을 가지기가 너무도 힘든 환경에 있다.

나 역시 그랬다. 회사에서 고군분투하고 집에 오면 일 걱정 때문에 잠이 오질 않았다. 한참을 뒤척이다 결국 술을 한두 잔 마신 후에야 술기운으로 잠이 들곤 했다.

아침은 언제나 상쾌함과는 거리가 멀었다. 무거운 몸을 일으켜 출근하면 잔뜩 쌓여 있는 일들이 나를 맞았다. 말도 많고 탈

리셋, 다시 나로 살고 싶은 당신에게

도 많은 프로젝트는 매일 '이 또한 지나가리라'를 되뇌게 했다. 프로젝트가 막바지에 이를 때는 정말 정신력으로 버텼다.

왜 쉬면 쉴수록 방전되는 느낌이 들까

과정이 힘들어도 보람이 있다면 좋았을 텐데, 억지스러운 결과물은 보람을 주지 못했다. 결과물은 쏟은 노력에 비해 아쉬움이 컸다. 함께 애썼던 동료들 역시 많이 지쳐 있었다. 누군가는 '내 인생 가장 힘든 프로젝트'였다고 토로했다.

어쨌든 끝났으니 사나흘 정도 휴가를 낼 수 있었다. 프로젝트가 끝나기만을 기다렸는데 막상 쉬게 되니 아무것도 하고 싶지 않았다. 종일 잠을 자고 일어나도 피로가 회복될 기미가 보이지 않았다. 쉬면 쉴수록 기운이 없고 어딘지 모르게 계속 쳐지는 기분이었다.

'아, 몸이 왜 이러지. 이 기분이 대체 뭐지?'

가만히 누워 이런 생각만 하다 휴가가 끝났다.

회사에 복귀하니 선배가 내 어깨를 툭 치며 나를 반겼다.

"쉬니까 어때? 좀 살 만해?"

"아니요, 쉬어도 이상하게 쉰 것 같지가 않네요."

"에이, 너무 열심히 논 거 아니야?"

"진짜 사흘 동안 누워만 있었는데도 그래요."

"그래? 어디 아픈 건 아니고?"

"네, 열은 없는데 그냥 몸살같이 온몸이 무겁고 피곤해요."

휴가 이후 첫 출근. 출근하자마자 새로운 프로젝트 이야기를 들었다. 언제나 새로운 프로젝트를 갈망해 왔지만 그다지 흥미가 생기지 않았다. 머리가 멍하고 아무런 생각이 들지 않았다. 불현듯 깨달았다. 휴가 때 느낀 기분은 '공허함'이었다. 어딘지 텅 빈 듯한 기분. 텅 비었지만, 그 공간에 아무것도 들여놓고 싶지 않은 기분이었다.

무엇보다 뭔가를 할 에너지가 남아 있지 않았다. 에너지가 없으니 새로운 일을 추진하기 위한 마음의 동력이 만들어질 리 없었다. 그런 내 상태와는 무관하게 회사는 변함없이 돌아갔다.

"차주부터 A 프로젝트 착수야. 김 과장이 맡아. 잘할 수 있지?"

"어… 그게… 저는 그 프로젝트는 자신이…"

"자기답지 않게 왜 그래? 이거 자기가 해야 돼! 할 사람이 지금 자기밖에 없어."

답은 정해져 있었고, 팀장님의 말은 거역할 수가 없었다. 할 일은 넘쳤고 사람은 언제나 부족했다. 상황은 이해가 갔으나 나의 직관은 '하고 싶지 않아'라며 아우성치고 있었다. 그렇게까지 일이 하기 싫었던 적이 없었는데 이상했다.

몸은 수명이 다한 충전용 배터리가 된 듯했다. 매일 아침만 되면 턱이 빠질 듯 하품을 해댔다. 버스를 타거나 지하철 계단을 오를 때면 숨이 턱까지 차오르고 현기증이 났다.
천근만근 무거운 몸을 이끌고 회사 앞에 도착하면 근처 카페부터 찾았다. "아메리카노 샷 추가요." 나는 금방이라도 방전될 것 같은 배터리를 카페에서 충전하려는 사람처럼 커피에 집착했다. 내게 카페인이 없는 아침이란 있을 수 없었다. 어쩌다 회의가 급해 커피를 사지 못한 날에는 사내 휴게실에서 급히 커피를 챙겨 회의에 들어갔다.

전염병처럼 퍼지는 직장 내 번아웃

번아웃은 마치 전염병처럼 퍼져 갔다. 동료들은 점점 예민해지고 공격적으로 변했다. 우리 팀뿐 아니라 사내에 상주 중인 파견직, 계약직 사원 등 너나 할 것 없었다. 프로젝트 상황이 안 좋았으니 그럴 만도 했다. 기본적으로 좋은 사람들이었지만 몸과 마음이 힘드니 빈틈을 내줄 여유가 없었다.

불편한 기류 속에 날 선 감정들이 아슬아슬하게 서로를 비켜 갔다. 누군가 사소한 실수라도 하면 까칠한 말로 대갚음하거나, 쉽게 마음이 상했다. 그저 속으로 화를 삭이거나 말을 아낄 뿐이었다. 화기애애하던 사무실 분위기는 점점 무겁게 가라앉았다.

한 번은 후배가 잠시 옥상에서 보자고 했다. 입사한 지 한 달이 조금 넘은 남자 사원이었다.

"과장님, 제가 만든 게 그렇게 쓰레기인가요?"

"네? 무슨 말이죠? 그렇게 생각한 적 없는데요."

대뜸 이게 무슨 소리인가 싶어 되물었더니 그는 숨을 몰아쉬며 말했다.

"아, 계속 한숨을 쉬시길래요. 제가 그렇게 못했나요? 못했으면 그냥 대놓고 얘기해 주셨으면 좋겠어요. 제가 경험이 부족해서 혹시나 폐를 끼칠까 봐… 일이 도저히 손에 잡히지 않아요."

그는 머리를 쥐어뜯었다. 그는 자신의 실력 부족 때문에 내가 스트레스받고 있다고 생각하고 있었다. 하지만 내 행동 때문에 그가 스트레스를 받는 것인지, 그가 스트레스받고 있어서 내 행동이 거슬리는지는 정확히 알 수 없었다.

"○○ 씨가 한 것 나쁘지 않아요. 솔직히 다른 일 하느라 아직 제대로 보지도 못했어요. 하지만 언뜻 보기에 특별히 못 하거나 그런 것 같진 않았어요. 한숨은… 그냥 요즘 좀 피곤해서 그래요. 신경 쓰지 않아도 돼요."

후배를 다독이고 내려왔지만 내 한숨 소리가 누군가를 그토록 힘들게 했다는 사실이 서글퍼졌다.

무기력과 피로감을 계속 둘 순 없었다. 전과 다른 열정, 부족한 체력은 나 자신을 더 무력하게 했다. 왠지 모를 두려운 마음이 들 때면 운동을 하거나 새로운 것을 공부했다. 하지만 프로젝트가 시작되면 다시 일만 하게 되었다.

황금연휴 동안 국내나 해외로 여행을 다녀오기도 했다. 하지만 휴가라는 단기적인 보상은 '직장생활'이라는 장기적인 마라톤을 버티기엔 역부족이었다. 게다가 휴가 후유증도 상당했다. 회사로 돌아오면 시차 적응이 안 된 상태로 그동안 밀려 있던 일들을 처리하기 바빴다.

나의 무기력은 언제부터 시작되었을까

'왜 이렇게 계속 무기력하지?'

시간이 지나고 나서야 그것이 바로 '번아웃', 소진 증후군임을 알게 되었다. 번아웃으로 겪게 되는 증상은 다음과 같다.

- 며칠 쉬어도 컨디션이 회복되지 않고, 쉬더라도 업무를 다시 시작하면 곧 에너지가 소진된다.
- 회사 업무에 부담을 느낀다. 사람 만나는 일이 불안하다.
- 전에는 잘 해냈던 일들이 지금은 자신이 없어졌다. 과거에 어떻게 해냈는지 모르겠다.
- 너무 힘들다는 생각에 퇴사를 고려 중이다.
- 집중력이 자주 떨어지고, 멍하게 보내는 시간이 늘었다.
- 종일 거의 무표정한 채로 있거나, 우울감, 불안감, 공황발작 등의 증세가 있다.

파스칼 샤보는 자신의 저서 《너무 성실해서 아픈 당신을 위한 처방전》에서 번아웃의 대표적인 속성을 두 가지로 정의했다. '정서적 소진'과 '비인격화'다.

몸과 마음이 소진된 상태에서는 일이든 인간관계든 열과 성의를 다하기 어렵다. 그래서 우리는 멈추어 생각해 볼 수 있어야 한다. 심신의 피로가 언제부터 시작되었나. 어느 순간부터 매사 시니컬하고 냉담해지진 않았나. 혹은 전과 달리 주변에 날카로워진 동료들이 늘어나진 않았는가.

리셋, 다시 나로 살고 싶은 당신에게

회사 내에 지친 사람들이 많으면 서로 간에 좋은 피드백을 기대하기 힘들다. 사소한 일로도 서로 날을 세우니 불필요한 감정 소모를 피하기 어렵다.

안타까운 것은 나도 동료들도 나름의 '최선'을 다하고 있다는 사실이다. 번아웃임에도 서로 최선을 다하고 있다는 사실. 내게 이것은 희망인 동시에 절망이었다. 번아웃의 해결책을 알기 전까지는.

［03］

번아웃을 방치하면
번아웃으로 끝나지 않는다

　　전문가들은 어떤 병이든 초기에 잡는 게 중요하다고 말한다. 병을 방치하다 치료 시기를 놓치면 병이 커지고 치료 기간도 길어진다고 말이다. 그 과정에서 직면해야 하는 고통은 말할 것도 없다.

다들 아는 이야기다. 하지만 많은 이들이 번아웃을 쉽게 간과하고 만다. 번아웃도 내버려 두면 위험할 수 있다는 사실을 잘 몰라서다.

시도 때도 없는 불안감이 불러온 공황장애

나는 번아웃을 겪고 나서부터 업무에 부담이 생기고 매사에 자신이 없어졌다. 사람들을 만나는 데에도 불안감이 커졌다. 동료들이 붙여 준 '닌자'라는 별명도 무색해졌다. 조용히 있다가 순발력 있게 치고 들어온다고 해서 붙여준 별명이다. 습관이 된 긴장으로 목과 어깨는 돌처럼 굳은 지 오래였다. 혈액 순환이 잘 안 되어 몸이 자주 붓고 잦은 두통에 시달렸다. 땀이 잘 나지 않는 체질이었지만 외부 미팅을 하러 가거나 회의에 들어가면 등에서 식은땀이 났다. 그러다 회의가 장시간 진행되기라도 하면 금방이라도 탈진할 듯 피로가 몰려왔다.

출처를 알 수 없는 불안은 시도 때도 없이 찾아왔다. '읽지 않음'으로 표시된 메일들, 쉴 새 없이 껌뻑이는 메신저 알림, 저녁까지 꽉 찬 일정, 파티션 너머로 들려오는 누군가의 통화 소리와 움직임, 수첩에 빼곡히 적힌 할 일 목록들. 이 중 어느 하나가 나의 어딘가를 건드리면 피가 거꾸로 솟는 듯한 극도의 불안감이 밀려왔다. 불안은 의식과 무의식의 경계를 넘나들며 수시로 나를 괴롭혔다. 일이 잘 안 풀리는 꿈을 꾸다 잠에서 깨면 현실인 듯 생생한 불안감이 온몸으로 전해졌다. 그것은 공황장애의 전조증상이었다.

　많은 직장인이 부담스러워하는 월요일. 그날 처음 공황발
작이 일어났다. 그날은 단순히 출근한다는 사실만으로 컨디션
이 좋지 않았다. 주말 동안 회사에서 무슨 일이 있었는지 메일
함에는 심각한 내용을 담은 메일이 가득했다. 메일을 하나씩
열어 볼 때마다 가슴이 죄어오는 듯한 답답함을 느꼈다. 그때,
내 옆자리에서 상사의 흥분된 목소리가 들려왔다.
"아니, 내가 지난주에 이렇게 수정하라고 했잖아! 그런데 지금
반영이 하나도 안 되어 있잖아!"
"아, 네. 그 부분은 제가 놓친 것 같습니다. 죄송합니다."

　누군가가 지난주 업무에 대한 상사의 피드백을 듣는 중이
었다. 언성 높은 몇 마디가 이어졌다. 그때부터 현기증이 나기
시작했고, 메일의 내용이 눈에 들어오지 않았다. 별안간 구토
감이 밀려오며 눈앞이 새하얘졌다. 입을 틀어막고 곧바로 화
장실로 달려갔다. 변기를 붙잡고 앉아 여러 차례 웩- 웩- 소리
를 냈다. 구토는 나오지 않았고 계속 헛구역질을 했다.
나는 천식 환자처럼 거친 숨소리를 내며 바닥에 주저앉았다.
목구멍에서부터 가슴까지 숨통이 조여오는 느낌이었다. 그대
로 죽을 것 같았다. 극도의 공포감에 온몸이 떨리고 눈물이 쉴

새 없이 얼굴을 타고 흘렀다. 화장실 문을 열면 밖에서 펼쳐질 세상. 그 모든 것과 마주할 자신이 없었다. 그렇게 30분가량을 화장실에서 떨다 동료에게 SOS를 청했다.

'과장님, 저 지금 12층 화장실 첫 번째 칸에 있어요. 여기서 나갈 수가 없어요. 죽을 것 같아요…. 제발 도와주세요.'

방치한 번아웃이 결국 우울증으로

그날을 시작으로 약을 먹기 시작했다. 처방받은 약은 아침저녁으로 두 번 복용해야 했다. 제때 약을 먹는 동안은 공황 증세가 나타나지 않았다. 하지만 혹시라도 약을 깜빡한 날에는 어김없이 공황이 찾아왔다.

업무 도중 공황이 나타나면 '필요시'라고 적혀 있는 약을 먹고 휴식을 취해야 했다. 업무시간 중 공백이 생길 수밖에 없었고, 결국 상사에게 공황장애임을 밝히고 양해를 구했다. 윗선에 보고가 되는 듯했지만 일을 줄이기 위해서는 별도리가 없었다.

휴가를 내고 사나흘 정도 쉬고 나서 출근하니 내가 담당하던 업무 몇 개가 다른 동료에게 넘어가 있었다. 내 증상을 알고 있는 몇몇 동료들이 괜찮냐고 물었고, 나는 약을 먹어서 괜찮다고 답했다. 한 달 정도 약을 먹고 일을 줄이니 불안이 줄어들기 시작했다. 그러다 차츰 어쩌다 한 번 약을 먹지 않아도 공황발작이 일어나지 않게 되었다. 약은 서서히 잊혀지고 나는 다시 업무에 집중했다.

하지만 그것은 공황장애에 대한 무지에서 비롯된 엄청난 실수였다. 의사와 상의 없이 약을 먹는 둥 마는 둥 하다 보니 내 증상은 더욱 나빠졌다. 불안 증상이 심해지자 자연스레 수면장애가 생겼다. 뜬눈으로 밤을 새우다 겨우 잠들면 악몽을 꾸다 헐떡이며 깼다. 꿈의 내용은 매우 극단적이면서도 다양했다. 동물에게 물리는 꿈, 구더기가 머리 위를 기어가는 꿈, 시체로 싸인 폐허를 혼자서 끝없이 걷는 꿈, 누군가 칼로 복부를 찌르는 꿈…. 공황발작은 자면서도 일어났고 나는 눈에 띄게 초췌해져 갔다.

공황발작이 잦아지자 의사는 약을 더 늘렸다. 약을 먹으면 마취 상태와 비슷해졌다. 대부분의 정신과 약이 그렇듯 신경계에 작용하는 약들은 깨어 있으려는 뇌를 억지로 잠들게 했다. 약을 먹고 잠들면 15~20시간 가까이 깨어나지 못했다.
약 복용량을 늘린 첫날, 출근하지 못할 정도로 깊은 잠에 빠졌다. 일어나 보니 점심시간이 이미 훌쩍 지나 있었고, 휴대전화에는 수십 통의 전화와 메시지가 와 있었다.

남편: 출근 잘했어요?

김○○ 대리: 과장님? 어디세요? 저희 회의실 11층으로 옮겼어요~ 출근하시면 그쪽으로 바로 오셔요!

○○ 과장님: 자기 오늘 연차야?

남동생: 누나야 무슨 일 있나? 왜 전화를 계속 안 받노?

'아… 망했네.'

의도치 않은 무단결근이었다. 가족들에게 아프다고 연락하고 회사에 며칠 병가를 냈다. 며칠을 꼼짝 않고 집에서 잠을 잤다. 약을 먹으면 어둑해진 저녁이 다 되어서야 일어났다. 그렇다고 약을 안 먹을 순 없었다. 잦은 공황발작, 수면장애, 악몽. 매일 지옥 같은 시간을 보내다 보니 삶에 대한 애정이 점점 식어 갔다.

"지금 환자분은 우울증도 많이 진행된 상태예요. 공황도 문제지만 지금은 우울증을 잡는 게 더 시급합니다. 약물치료와 상담을 병행하는 게 좋겠습니다. 무엇보다 일을 쉬어야 합니다. 현실적으로 그러기 어렵더라도 최대한 고민해 보세요. 일을 획기적인 수준으로 줄여야 합니다."

의사는 불안증과 공황장애를 오래 앓을수록 우울증으로 발전될 가능성이 크다고 했다. 우울증 치료는 번아웃과는 다르게 접근하기 때문에 단순히 잘 쉬고 잘 먹는다고 해서 해결되는 문제가 아니었다.

식욕이 많이 떨어져 체중이 계속 줄고 있었다. 피부와 머릿결은 푸석하고 건조했다. 일주일에 두 번, 병원에서 약을 처방받고 집으로 가는 버스를 탔다. 잠에서 깨어나기 힘들었기에 진료 시간은 언제나 병원이 문 닫을 무렵 마지막 순서였다. 해가 저물어 귀가하는 사람들을 보다 보면 회사에서 미처 끝내지 못한 일들이 떠올랐다. 잔뜩 쌓여 있을 메일함을 생각했다. 그 무렵 고과 시즌이 다가오고 있었다.
'공황 때문에 자주 자리를 비웠으니… 고과도 형편없겠지.'
나를 대신해서 고생하고 있을 동료들과 함께 버티고 애썼던 시간이 눈앞을 스쳐 갔다. 끝없는 허망함이 밀려 왔다.

번아웃과 우울증은 공통점이 많았다. 증상도 비슷해서 실제로 전문가들도 이 두 가지를 혼동하는 경우가 많다고 한다. 다만 번아웃 증상이 주로 일과 업무에 관련되어 나타난다면, 우울증이 오면 거의 모든 활동에서 흥미가 사라진다는 차이가 있다.

리셋, 다시 나로 살고 싶은 당신에게

번아웃과 우울증이 온 이후 나는 삶이 덧없다는 생각이 많이 들었다. 몇 년 동안 앞만 보고 달려왔지만 더는 달릴 힘도 없었고, 앞도 보이지 않았다. 하루의 반을 약에 취해 잠들어 있다 일어나면 쓸모없는 사람이 된 듯한 기분을 떨칠 수 없었다. 종일 자다 어둠 속에서 눈을 뜨면 그 하루를 어떻게 견뎌야 할지 막막함에 눈물이 났다.

'어차피'가 '해 보자'로 바뀔 때까지

그러던 어느 날이었다. 마음 어딘가에선 어떻게든 돌파구를 찾아보자는 외침이 있었다. 업무를 하다 불현듯 사내 심리 상담실이 떠올라 상담 예약 메일을 보냈다. 그리고 얼마 후 찾아간 상담실에서 유능한 심리상담사 한 분을 만나게 되었다. 몇 가지 심리검사를 진행하고 나서 매주 두 번, 한 시간가량 상담을 받기로 했다.

"보통은 주 1회 정도 하는데, 두 번은 만나야 할 것 같아요. 제가 그만 와도 된다고 할 때까지 계속 오셔야 해요. 아셨죠?"

야무지게 웃는 그녀의 말에 나는 고개를 끄덕였다. 누군가가 나를 좀 더 단단하게 잡아주길 바랐던 것일까. 문제를 풀기 전엔 절대 나갈 수 없는 방안에, 든든한 아군 하나가 찾아온 기분이었다.

　얼마 지나지 않아 상담이 시작되었다. 그녀가 안내해 준 내용은 면밀하고 구체적이었다. 그녀는 우울증과 공황장애 치료로 저명한 의사 선생님을 알아봐 주었고, 당장 퇴사보다는 병가를 내고 천천히 고민해 보라고 조언했다.

그녀의 조언에 따라 병가를 위한 서류들을 준비했다. 회사에서 병가 절차를 밟기란 쉽지 않은 일이었다. 그동안 내가 다니던 병원이 3차 진료 기관이 아니라는 이유로 진단서를 받아주지 않았기에 해당 병원에서 소견서를 받아 종합병원으로 옮겨야 했다. 게다가 종합병원 초진 환자는 예약 대기가 한 달 이상으로 길었다. 병원 진단서 외에도 인수인계, 인사담당자 상담, 부서장 상담, 팀장 상담 등 거쳐야 할 절차가 많았다.

이런 절차를 밟는 중에도 컨디션이 좋지 않은 날에는 어김없이 공황발작이 오곤 했다. 당장 퇴사하고픈 마음이 굴뚝 같았지만, 동료들의 도움으로 무사히 병가를 받을 수 있었다.

　그렇게 긴 절차가 마무리되고 병가가 시작되었다.

"쉽지 않았을 텐데 잘 해냈어요! 이제 일과 회사 다 놓고 치료에 집중하자고요."

상담 선생님의 말대로 그제야 마음을 내려놓을 수 있었다. 긴

대기 끝에 찾아간 대학병원에서는 진료 2주 차에 몸에 잘 맞는 약을 찾을 수 있었다. 상담실도 열심히 다니면서 지금까지의 삶을 찬찬히 들여다보기 시작했다. 당장 회복되는 기미를 보이진 않았지만 단지 그런 시간을 가지는 것만으로도 마음이 안정되는 듯했다.

그즈음의 나는 '어차피'란 단어를 자주 썼다.
'어차피 삶이 크게 변할 순 없을 테니까.'
'어차피 회사로 돌아가긴 해야 하니까.'
'그만두더라도 어차피 돈은 벌어야 하니까.'
'어차피 내가 한 선택이니까.'
기분이 괜찮은 날에는 '어차피 약을 먹었기 때문에' 나아진 것이라 믿었다. 자기혐오와 현실에 대한 절망, 그것을 통해 '죽음에 이르는 병'. 그것이 나의 병이었다.

일반적으로 공황장애는 약을 먹으면 곧바로 호전되는 반응을 보인다. 그렇기에 다 나은 줄 알고 치료를 중단하는 예도 많고, 실제로 금방 좋아지는 사람도 있기에 공황장애로 자살하는 사람은 드물다.
하지만 우울증은 약으로 쉽게 빠져나오지 못하는 경우가 많다. 치료 기간이 길어지고, 그 정도가 심할수록 치료가 점점 어려워진다. 수많은 사람이 정신과를 찾고도 스스로 생을 마감하는 이유가 여기에 있다. 자기 부정과 절망을 끝낼 마지막 선택인 것이다.

대개는 어느 정도의 우울감을 견디고 살아간다. 하지만 그 고통이 심해지면 도와줄 사람을 찾아야 한다. 일반적으로 전문가를 찾아 상담 후 약을 처방받는 방법이 우리가 알고 있는 답이다. 하지만 유능하지 않은 의사나 어설픈 심리상담사를 만나면 결국 이도 저도 아니게 된다.

나의 경우 병원, 상담, 약에 대한 믿음보다는 '한 번 시도해 보자'라는 생각이 컸다. 그런데 그 낮은 기대감이 오히려 도움을 주었다. 삶의 끝이 어떨지 '어차피' 알 수 없다면 뭐든 시도를 해 봐야지 않겠는가. 머릿속에 가득 찬 '어차피'란 단어가 '시도'로 바뀔 때까지는.

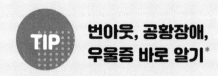

TIP 번아웃, 공황장애, 우울증 바로 알기*

■ 번아웃과 우울증은 모두 불안증, 무기력, 수면장애, 집중력 및 의욕 저하, 우울감 증세를 보인다.

■ 번아웃 증상은 주로 일에 초점이 맞춰진다. 일에 대한 냉소, 사람에 대한 부담감을 느낀다.

■ 번아웃은 충분한 휴식과 영양 공급(수액, 규칙적인 식사, 영양제 등)으로 크게 호전된다.

■ 우울증은 극도의 상실감, 죄의식, 자존감의 결여로 인해 정상적인 생활을 어렵게 한다.

■ 우울증은 약물 치료가 필요하다. 증상에 따라 상담 치료가 병행되어야 한다.

■ 가벼운 공황은 누구나 한두 번쯤 겪을 수 있다. 공황장애는 극도의 공포감과 동시에 신체적 증상(두근거림, 땀이 남, 오한, 마비감, 구토감, 질식감 등)이 1개월 이상 지속된다.

■ 공황장애는 약 복용만으로 즉각적인 효과가 있다. 하지만 완치를 위해서는 약물 치료와 인지행동 치료가 병행되어야 한다.

■ 공황장애와 우울증으로 약을 먹는다면 주치의와의 상담을 통해 '서서히' 끊어야 한다. 자의적 판단으로 치료를 중단하면 증상이 악화될 수 있다.

■ 약물 복용으로 오는 부작용은 주치의와 조정하면 되므로 크게 걱정할 필요는 없다.

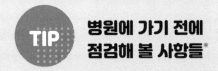

TIP · 병원에 가기 전에 점검해 볼 사항들[*]

▣ 가급적 집에서 가까운 정신과의 전문의를 찾아간다. 반드시 예약하고 최소 10분 일찍 도착하자.

▣ 진료비는 첫 방문의 경우 5~7만 원 선이며 2회차 상담부터는 1~3만 원 사이다. (진료비는 진료 시간을 기준으로 책정되는데, 병원마다 기준이 다르므로 미리 전화해서 확인해 보는 것이 좋다.)

▣ 회사 내에 심리상담실이나 심리 지원 프로그램이 있는지 알아보자. 300인 미만 중소기업 근로자의 경우 근로복지넷(https://www.workdream.net)의 EAP(Employee Assistance Program)라는 프로그램을 통해 심리상담 서비스를 받을 수 있다.

▣ 사설 심리상담센터를 갈 경우엔 상담사에 대한 정보를 확인하자. 일반적으로 한국상담심리학회에서 전문가 자격증(발급기준이 까다롭고 취득 기간이 오래 걸림)을 취득한 상담사를 전문가로 보고 있다. 심리상담센터의 상담비용은 회당 6~10만 원 정도이다(다만 지역마다 차이가 있다).

▣ 회사의 병가 기준을 알아본다. 병가 기간에 직원 복지로써 기본급을 제공하는 회사도 있다.

▣ 우울증은 질병이므로 진단서를 내면 병가 및 휴직을 할 수 있다.

▣ 공황장애와 우울증은 실비보험이 적용된다. 가입 시기에 따라 보험이 적용되지 않을 수 있으므로 미리 확인해 본다(다만 2015년 이전 가입자는 보험 적용이 되지 않는다).

---

[*] 47~48쪽 TIP 참고문헌은 책 뒤에 있습니다.

리셋, 다시 나로 살고 싶은 당신에게

[04]

우리는 어쩌다
번아웃의 나라가 되었을까

회사에서 리서치를 하다 각 나라를 대표하는 단어로 채워진 세계 지도(What Each Country Leads The World In)를 보았다. 북한은 '검열', 일본은 '로봇', 중국은 'Co2 배출/신재생 에너지'였는데, 한국은 '워커홀릭'이었다.

'워커홀릭'의 나라 대한민국. 직장인 익명 앱 '블라인드'에서 조사한 바에 따르면, 우리나라 직장인 10명 중 9명은 번아웃을 경험했다고 답했다. 안타깝다 못해 절망적이다. 우리는 어쩌다 이렇게까지 되었을까.

*출처: DOGHOUSEDIARIES
*관련 기사: ttps://www.businessinsider.com/what-countries-are-best-at-2014-1

힘듦을 감수하거나 패배자가 되거나

경쟁하고 또 경쟁하는 사회. 우리는 학창시절부터 공부를 잘해서 무조건 앞으로 나아가야 한다고 배웠다. 하지만 1등을 하고 좋은 점수를 받아 명문대에 들어가도 생존 경쟁은 끝날 기미가 보이지 않는다.

평균 학력이 높아짐과 동시에 사회의 요구는 한껏 높아졌다. 취업, 결혼, 출산, 주택 구매 등 예전엔 열심히 살면 자연스레 이룰 수 있었던 기본적인 것들을 이제는 쉽게 누리기 어려워졌다. 그만큼 많은 이들이 생존 경쟁에서 '살아남아야 한다'라는 강박에 시달리게 되었다. 자연히 '쉰다'라는 것은 경제적 독립을 이룬 사람이 아니고서야 배부른 소리가 되었다.

리셋, 다시 나로 살고 싶은 당신에게

열심히 일해도 안정감을 얻기 힘든 한국 사회는 '바쁜 게 좋은 거다'라는 믿음을 만들어 냈다. 어릴 때부터 여러 학원을 바쁘게 옮겨 다니며 하루를 보냈고, 잠을 줄이며 공부하는 것이 효도라고 믿어 왔다. 대학에 들어가자마자 곧바로 취업을 위한 활동을 하고, 취업이 되고 나서는 실적과 고과를 신경 쓰며 살아간다.

인생 대부분의 활동이 일하거나, 공부하거나, 돈 버는 것에 초점이 맞춰져 있다 보니, 행복이 무엇인지 삶의 낙이 무엇인지 생각할 겨를이 없다. 자신을 희생하면서까지 열심히 사는 사람들이 기준이 되고 목표가 된다.

이렇게 우리 사회는 '성실의 딜레마'에 빠지게 되었다. 힘든 것이 기본이고 당연한 일이다 보니 번아웃으로 허덕이는 사람을 사회 적응력이 떨어지는 대상으로 여긴다.

근면 성실을 먹고살기 위한 최소한의 미덕으로 여겼던 부모세대들은 자녀들의 힘듦을 공감하지 못한다. 새벽종이 울릴 때 나가서 일하고 주 평균 6일씩 일했던 세대이다 보니, '나 때는 말이야'가 나오지 않기도 힘들다.

세대에 상관없이 이런 가치관을 가진 사람들은 많다. 때론 비슷한 또래나 가족이 더 가혹한 반응을 보이기도 한다.

"그런 일로 그만둬? 너무 나약한 거 아니야?"

조직에서 부당한 대우를 받아도 그저 정신력이 약한 한 개인의 문제로 치부되어 버리곤 한다. 하지만 우리는 번아웃이 단지 개인의 문제가 아니라 조직과 시스템의 문제라는 사실을 잘 알고 있다.[*]

우리는 세상이 정한 시간의 규범을 거부할 수 없다. 세상이 정한 날짜에, 기한에, 정해진 일정에 따라 살아가야 한다. 근로기준법이 새로 마련되었다고 해도 달라지지 않는다. 주 52시간제가 시행되고 통계적으로 근로시간이 줄어드는 추세이긴 해도 사람들은 여전히 힘듦을 호소한다. 주 평균 52시간 이내로 일을 했지만 과로사하는 일도 있었다.

법정근로시간을 지키기 위해 일찍 퇴근하는 날에는 '야근을 하지 못해' 스트레스를 받기도 한다. 근무 시간은 줄었지만, 각자가 해야 할 업무량은 전혀 줄지 않았기 때문이다.

법이 마련되었다고 해서 즉각적으로 근무 인원을 늘리는

---

[*] 매슬랙과 마이클 라이터 박사는 《번아웃의 진실(The Truth about Burnout)》에서, '업무 과부하, 업무 장악력, 자율성(통제의 부족), 충분하지 못한 보상, 공동체 의식의 해체, 공정성의 결여, 가치 갈등을 번아웃의 실제 원인으로 보았다.

적극적인 회사는 많지 않다. 사람들은 주어진 시간을 밀도 있게 쓰지 않으면 안 되는 상황과 맞닥뜨려야 했다.

업무량이 그대로인 상태에서 야근을 줄이려면 '더 빨리, 더 효율적으로' 일하는 수밖에 없다. 매번 임박해 오는 데드라인에 쫓겨 숨 가쁘게 달리는 시간이 이어진다. 하루하루가 '돈'인 세상에서 시간을 가지고 진득하게 고민할 여유란 없다. 데드라인을 넘어서는 순간 패배자가 될 각오를 해야만 한다.

내가 힘든 이유가 오직 나 때문일까

열심히 노력해도 부정적인 피드백으로 자신감과 의욕이 꺾이는 일도 흔하다.

"잘해야지, 열심히만 한다고 좋은 게 아니야."

종종 상사로부터 이런 핀잔을 듣는다. 우리가 사는 세상은 열심히는 기본이고 잘하기까지 하는 슈퍼맨, 슈퍼우먼들이 많다. 웬만큼 노력해선 특별히 잘해 보이기도 쉽지 않다.

칭찬에 박한 세상은 언제나 부족한 면에 집중한다. 백 번 넘게 잘해 왔어도 한 번의 실수에 부정적인 피드백이 쏟아진다. 곳곳에 칭찬의 기회가 있음에도, '자만할까 봐' 의도적으로 칭찬을 아끼기도 한다.

감사와 칭찬이 없는 각박함 속에서 지속적인 성과를 요구받는다는 것은 사실상 모순에 가깝다.

숀 아처 교수는 자신의 저서 《행복을 선택한 사람들》에서 긍정적 피드백과 부정적 피드백의 황금 비율에 대해 언급한다. 하버드 연구팀이 실제 직장인을 대상으로 연구를 진행한 결과, 긍정성과 부정성 피드백의 비율이 2901:1일 때 수익성이 증가했다고 밝혔다. 긍정적 피드백이 이 비율 이하로 떨어지면 수익성이 떨어졌다.

이 놀라운 연구는 탁월한 성과를 위해서는 긍정적 피드백이 엄청나게 자주 이뤄져야 함을 보여준다.

부정적인 피드백 외에도 비효율적인 업무, 갑질과 폭언, 부당처우 등 심신을 소진시키는 일들은 너무나 많다. 그렇기에 여럿이 일하는 회사에서 힘든 것을 그저 개인의 역량으로만 돌리기엔 무리가 있다.

물론 회사라는 조직을 관리하고 운영하기 위해선 개개인이 감당해야 할 일들이 있기 마련이다. 하지만 이 또한 전체적인 맥락에서 다양한 시각으로 살펴볼 필요가 있다. 무조건 개개인의 책임과 임무만 강조하는 조직과 사회는 열심히 일하는 사람들을 번아웃에 빠지도록 하는 결과를 낳는다.

정치인들은 한국이 멕시코 다음으로 '가장 일을 많이 하는 나라'라는 오명을 벗고자 주 4.5일제, 주 4일제와 같은 공약을 앞다퉈 내놓고 있다. 환영할 일이긴 하지만 제도적 개선을 마냥 기다릴 수는 없는 노릇이다. 주 52시간 근로제만 해도 많은 것이 정리되지 않은 채 우리에게 던져졌다.

유연함을 추구하는 밀레니얼 세대와 그 이전 세대, 명확한 지침을 요구하는 90년대생이 함께 일하고 있는 지금, '탄력근무제', '선택적 근무제'에 대한 견해차만 봐도 일에 대한 가치관이 세대별로 다르다는 사실을 공공연히 확인할 수 있다.

하지만 적어도 같이 일하는 사람들끼리는 서로를 배려하는 마음을 가져야 모순적인 직장생활을 그나마 지속할 수 있지 않을까. 힘든 것에 대한 책임은 나에게만 있지 않으니까. 나 혼자만의 문제가 아니니까.

[05]

유독 번아웃이
오기 쉬운 사람들

　유난히 더 번아웃이 오기 쉬운 사람들이 있다. 언제라도 곧 번아웃이 찾아올 수 있는 사람들. 그들은 '과도함'을 안고 살아간다. 과도한 노동, 과도한 열정, 과도한 이상주의, 과도한 자기 헌신, 과도한 민감성.

이들은 일이 하기 싫어 몸을 꼬는 사람들과는 거리가 멀다. 오히려 그들은 열정적이고, 언제나 잘하고자 애쓰고 노력하는 사람들에 가깝다. 가끔은 편안하게 자신을 맘껏 놓아주면 좋으련만, 세상이 녹록하지 않은 만큼 그들은 자신을 가만히 두지 못한다.

리셋, 다시 나로 살고 싶은 당신에게

열정에 과도함이란 게 있나요

우리는 일을 통해 자신이 쓸모 있는 사람이라는 확신을 얻는다. 힘들더라도 때때로 느껴지는 재미, 즐거움, 보람이 있다면 계속 나아갈 수 있다. 하지만 마치 그것만이 전부인 듯 과도한 열정을 쏟아붓는 사람들이 있다. "열정에 '과도함'이란 게 있나요?"라고 질문하면서.

많은 이들이 자기가 좋아하는 일을 하면 힘들지 않으리라 생각한다. 억지로 하는 일이 아닌, 신념에 따라 하는 일은 자신을 지치지 않게 하리라고 생각한다. 과연 그럴까?

고대 기독교 사회에서는 묵묵히 성자의 길을 밟는 수도승이 겪는 무기력을 '아케디아'라고 불렀다. 아무리 독실한 수도승이라도 과도한 열정과 노동에서 오는 탈진을 막을 수는 없었다. 기독교 사회에서는 수도승이 겪는 이런 번아웃 증상을 '신에 대한 영적 나태함'으로 여겼다. 신앙에 대한 지극한 마음이 넘쳐 '나태함'이 되다니, 정말 아이러니하지 않은가.

사실 고대 기독교인들에게 아케디아란 무시무시한 것이었다. 이는 단순히 신에 대한 회의감을 넘어 종교적 믿음까지 파괴했기 때문이다.

일에 대한 과도한 열정은 일 중독(workaholic)으로 연결되기 쉽다. 일 중독에 대한 의학적인 정의는 없지만, 일반적으로는 일에 대한 강박적, 의존적 성향을 보이는 상태를 말한다.

일 중독은 번아웃을 말할 때 빼놓을 수 없는 주제다. 원래 '번아웃'은 마약 중독 환자들이 '강한 중독 성향을 보이는 상태'를 일컫는 말이었다. 그런데 독일의 심리학자 프로이덴버거 박사는 과도한 일로 피폐해진 의료진들의 일 중독 성향이 마약 환자의 중독 성향과 크게 다르지 않다고 판단했다. 그가 관찰한 결과, 일 중독 성향이 있는 사람들이 번아웃되고, 번아웃된 사람들이 지속적으로 일 중독 성향을 보인 것이다.

완벽이라는 허상을 좇는 사람들

워커홀릭들에겐 언제나 해야 할 일들이 눈앞에 아른거린다. 이들에게서 특히 자주 발견되는 특징이 있는데, 바로 '완벽주의' 성향이다. 이들은 완벽을 추구하느라 적절한 때에 '스위치'를 끄지 못한다. 특히 창조적인 직업군에 있는 사람들이 이런 성향이 강한데, 경쟁이 치열한 분야일수록 이런 성향이 더욱 두드러진다.

이들은 자신만의 '완벽의 세계'를 끊임없이 현실에 대입한다.

리셋, 다시 나로 살고 싶은 당신에게

때로는 이들의 집착과 몰입이 완벽에 가까운 결과를 만들어 내기도 하지만, 다양한 변수로 가득한 세상에서 '완벽'이란 대부분 허상과 같다. 세상과 타인은 물론 자기 자신에게 언제나 높은 기준을 들이대는 이들에게 '여유'가 들어설 틈은 찾아보기 어렵다.

그런가 하면 완벽을 삶의 돌파구로 삼은 사람들도 있다. 애초에 일 중독 성향이 있다기보단 성취를 위해 스스로 완벽주의를 '선택한' 사람에 가깝다. 내 주변에도 이런 사람이 있었다. 언제나 노트에 날짜와 시간, 누가 무슨 말을 했는지를 빼곡히 적었던 사람.
"와, 장난 아니다. 과장님, 꼭 이렇게까지 해야 해요?"
"남자들을 이기려면 어쩔 수 없어. 하도 말을 바꾸니까. 너도 이 회사에서 오래 있다 보면 내가 왜 이렇게까지 하는지 이해가 될 거야. 회의 때마다 녹음 잘하고 있지?"

그녀는 내가 사회 초년생이던 시절에 옆 부서에서 일했던 선배다. 업의 특성상 남성의 비율이 매우 높았던 회사에서 선배는 남자 동료들에게 밀리지 않으려 안간힘을 썼다. 정당한 평가와 대우를 원했지만 매번 편파적인 인사고과 때문에 불이익을 얻고 있었다. 그녀는 철두철미한 업무는 기본이고 외근,

지방 출장, 흡연시간, 술자리 등 남자 동료들과 무조건 같은 조건에서 일하려 했다. 노력해도 기회가 돌아오지 않는 환경이 그녀를 치밀한 완벽주의로 만든 것이었다.

후천적인 이유가 아닌, 번아웃이 오기 쉬운 기질을 '타고난' 사람들도 있다. 일레인 아론 박사는 고도로 발달한 신경계를 타고난 사람들을 '초민감자(HSP, Highly Sensitive Person)'로 정의했는데, 박사에 따르면 전 세계의 15~20% 정도의 사람들이 이런 기질을 가지고 태어난다. 말하자면 이들은 조그마한 자극에도 쉽게 반응하는 센서(sensor)를 타고난 사람들이다. 이들의 뇌는 언제나 넘쳐나는 정보들을 처리하느라 분주하다. 이들은 미묘한 소리, 냄새, 진동, 타인들의 반응 등 남들은 잘 느끼지 못하는 것들을 계속해서 느끼고 생각한다. 타고난 감각이 예민하다 보니 남들보다 쉽게 피곤해진다.

한편, 자신의 신념에 어긋나는 일을 억지로 해야 하는 사람들도 있다. 부당한 줄 알면서도 조직의 이윤 때문에, 상사의 지시 때문에, 자신의 실적 달성 때문에 어쩔 수 없이 일하다 보면 자존감도 흔들리기 마련이다. 한 개인이 잘못된 인식, 고정된 사고관, 부적절한 시스템 등을 변화시키기는 쉽지 않다. 당장 먹고사는 일이 급하다 보니 이게 아닌데 싶은 일들을 외면

리셋, 다시 나로 살고 싶은 당신에게

하기 어렵다. 때로는 권력에 저항해 보기도 하지만 몇 번의 좌절을 거듭하다 보면 점차 무기력을 학습하게 된다. '어차피 안될 거야'라는 생각에 더 이상의 저항 없이 그저 살아간다.

나의 과도함은 무엇인가

번아웃은 '과도함'의 질병이다. 일을 너무 사랑해서 자기 자신은 뒷전인 사람들, 성취에 매몰되어 자신이 곧 일이 되어 버린 사람들, 살아남고자 완벽주의를 선택한 사람들, 타고난 민감성을 억누른 채 세상을 살아가는 사람들, 기꺼이 희생하는 사람들, 인간성이 고갈된 조직에 순응하는 사람들.

나의 '과도함'은 무엇이었는지를 생각해 보자. 과도한 업무가 원인이라면 무엇이 나를 과도하게 만들었는지 생각해 보자. 완벽주의가 문제였을까? 어느 쪽이든 좋으니 스스로에게 이런 질문들을 해 보자.

'그것이 내 건강과 바꿀 만큼 꼭 필요한 일이었는가?'

'건강을 잃는다면 나는 무엇을 잃게 되는가?'

'나는 좋은 사람인가?'

'나는 나 자신에게 좋은 사람인가?'

'나는 나 자신에게 어떻게 대하고 있나?'

우리를 더욱 지치게 하는
가짜 자존감

공황장애와 우울증이 오고 심리상담을 받게 되면서 나는
자연스레 자존감이 많이 떨어져 있음을 알게 되었다. 상담을
받으며 10년 남짓한 시간을 돌이켜 보니 여러 환경에 맞춰 살
려는 노력이 자존감에 영향을 준 것 같았다. 공황장애와 우울
증이라는 결과를 생각해 보면 그랬다. 그동안 내가 했던 선택
에 문제가 있었음이 분명했다.

즐겁고 재밌으면 안 될 듯한 불안감

병가를 내고 한동안 집안을 계속 맴돌았다. 갑자기 많아진 시간을 어떻게 해야 할지 몰랐다. 우선 설거지, 청소, 빨래 등 눈에 보이는 일들을 닥치는 대로 해치웠다. 청소를 끝내면 서랍을 뒤집어엎어 정리하고, 그 일이 끝나면 신발장에 있는 모든 신발을 꺼내어 닦았다. 사용하지 않고 쌓여 있던 물건을 중고마켓에 내다 팔고, 덩치 큰 화분을 분갈이하는 등 더는 할 일이 없을 때까지 할 일을 찾아내 끊임없이 움직였다.

"선생님, 요즘 제가 집에서 가만히 있지를 못해요. 뭐랄까. 굉장히 산만한 것 같아요."
"불안해요?"
"그런 거 같아요. 청소도, 빨래도 다 하고 더 할 일이 없는데도 자꾸 뭘 해야 할 것만 같아요. 그러다가도 머릿속이 과부하가 걸린 듯 꽉 차서… 뭘 해야 할지 모르겠기도 하고요."
"그냥 집에서 편하게 있겠다고 생각해 봐요. 이제 맘껏 쉴 수 있잖아요. 가만히 앉아서 낙서를 해 봐도 좋고요."
"생각해 보니 그런 생각은 해 본 적이 없네요."

나는 갑자기 시간 부자가 된 자신에게 무엇을 해 주어야 할지 몰랐다. 단순한 일이라도 뭔가를 하면 가벼운 성취감을 느낄 수 있다. 하지만 내가 끊임없이 뭔가를 하려는 원인에는 성취감보다는 뭔가를 해야 할 것만 같은 불안감이 있었다.

그저 보고 싶었던 영화를 보거나, 그림을 그리거나, 시를 읽을 수도 있었다. 하지만 그런 일들이 왠지 의미 없게 느껴졌다.

'다 부질없는 거 아닌가?'

생산적인 뭔가를 해야 한다는 강박은 나를 쉽게 놓아주지 않았다. '지금이 기회야. 내 가치를 끌어올릴 기회' 내지는 '놀면 뭐 하겠어?' 같은 생각이 머릿속을 떠나지 않았다.

즐겁고 재미있는 일을 하면 안 될 듯한 불안감. 그 불안의 뿌리에는 '두려움'과 '죄책감'이 있었다. 지금껏 공들여 쌓아온 커리어가 무너질지 모른다는 두려움. 실무 감각이 떨어질지 모른다는 두려움. 지식과 능력을 집에서 썩히고 있다는 죄책감. 남편 혼자 돈을 벌고 있다는 죄책감. 내가 하던 업무를 대신하고 있을 동료에 대한 죄책감.

이런 감정들이 나의 쉼에 맹렬히 저항하고 있었다. 끊임없이 뭔가를 해야만 한다는 강박은 '아냐, 나는 아파서 병가 낸 거였잖아'라는 단순한 자기연민조차 허용하려 하지 않았다.

온전한 나 자신을 지우는 사회적 가면

'그동안 애써 왔던 모든 것이 헛수고가 되진 않을까?'
지금껏 나를 지탱하던 것들이 무너지진 않을까 두려웠다. 하지만 서서히 깨닫게 되었다. 두려움의 이면에는 단단하지 못한 '자존감의 민낯'이 있었다. 여전히 나는 출신학교, 다니는 회사, 직급, 연봉, 사는 곳, 그럴듯해 보이는 이런 배경들이 행복을 가져다주리라고 믿었다.

하지만 그런 행복은 길게 가지 않았다. 겉으로 보기에 화려한 것, 피상적인 것들에 휘둘려 살지 않겠다고 생각했지만, 방향성 없는 삶은 크게 흔들리고 있었다.
노력하다 보면 더 나은 삶을 살 수 있으리라는 믿음. 노력을 증명해 보이겠다는 믿음. 그것만이 나를 지탱하고 있었다. 그것은 '가짜 자존감'이라고 하는, 또 하나의 '가면'이었다.

많은 사람이 온전히 '자기 자신'으로 사는 것보다 '가면을 쓴 자신'으로 사는 데 더 익숙해한다. 세상을 살아가는 데 있어서 가면은 꽤 쓸 만하다. 누군가의 자식, 아내, 남편, 부모, 직원 등 다양한 역할을 소화할 수 있게 해 주고, 때론 자기보호의 기능도 한다.

그런 역할에 부응하다 보면 가면을 쓰고 있는 시간이 그렇지 않은 시간보다 많아지기도 한다. 가면 뒤의 진짜 내가 '이건 아니잖아'라고 아우성치기도 하지만 '다들 그렇게 사니까' 하며 억누른다.

내 뜻과 달라도, 내 기질과 맞지 않아도, 모두가 세상에 맞춰 사니까. 사회가 원하는 모습에 맞춰진 가면의 삶은 점점 당연해지고, 본래의 나는 잊힌다.

하지만 가면은 수많은 시련으로부터 나를 영원히 지탱해주지 못한다. 가면을 내려놓은 자기 자신, 민낯의 자신을 있는 그대로 사랑해 줄 수 있어야 한다.

내가 어떤 모습이든 어디에서 무엇을 하든 조건 없는 사랑을 줄 수 있는 '한 사람'이 필요하다. 그 사람은 부모님도, 배우자도 아닌 '나'여야 한다.

노력하지 않아도, 애쓰지 않아도 그저 나를 응원하고 지켜 줄 단 한 사람. 그 사람이 '나 자신'이 되었을 때 가면을 내려놓고 단단한 자존감으로 살아갈 수 있다.

타인에게 사랑받고 인정받고자 하는 마음을 내려놓지 못하면 무엇을 하든 자유롭지 못하다. 돈이 많아도 자신만의 시간이 주어져도 마찬가지다.

지금 필요한 건 나로 돌아갈 용기

"친구야, 집에서 뭐 하니?"

"신경과학에 관한 책을 읽고 있어. 약을 많이 먹어서 바보가 되었는지 이해하기가 좀 어렵네."

"뭐? 하… 야! 제발 어려운 책 좀 그만 읽고 놀아! 그냥 막 놀라고!"

나의 근황이 걱정되어 전화를 건 친구가 답답하다는 듯 말했다. '논다'라는 말을 참 오랜만에 들었다.

"그러고 싶은데, 도무지 뭘 해야 할지 모르겠어."

"네가 생각하기에 가장 쓸데없고, 의미 없다고 생각하는 걸 해봐. 그러면서 재밌는 것!"

친구로부터 '쓸데없는 것'이라는 말을 들었을 때 정신이 번쩍 들었다.

"어, 그러네. 맞아. 어렸을 때 우린 쓸데없는 것들로 행복해했었지."

"나도 예전에 일하던 연구소 그만두고 나서 두 달을 쉬었거든. 옮길 직장이 정해지지도 않았었어. 그냥 너무 힘들어서 관뒀으니까. 그때 두 달 동안 엄청 자고, 맨날 동틀 때까지 드라마 몰아 보고, 만화책 보고 그랬어. 아주 원 없이. 그러니까 회복이 되더라."

친구의 경험담을 들으며 '쉼'에 대해 다시 생각하게 되었다.
'쉬어 갈 용기'
결국 모든 것을 내려놓고 나로 돌아갈 용기가 필요했다. 그 용기를 통해 때론 모든 것으로부터 가벼워지는 선택을 하는 것. 죄책감 없는 즐거움과 재미와 아름다움을 누리는 것. 그것이 진정한 '쉼'이었다.

그간 내가 얼마나 오래도록 경직된 가면 속에서 허우적댔는지 실감했다. 무던히 많은 시간을 애쓰며 살아왔음에도 언제나 공부하고, 노력하고, 애쓰는 쪽으로 '쉼'을 가지려 했다. 마치 거기에 답이라도 있는 듯이.
나는 그 친구와 통화하고 나서 즐거움에 집중해 보기로 했다. 온전한 나로 가벼워지는 감각을 되찾을 필요가 있었다. '쓸데없어' 보이지만 나를 즐겁게 해 줄 무언가를.

[07]

몸과 마음의 신호를
무시하는 사람들의 패턴

저녁 10시 44분. 사무실 한편이 어두워졌다. 옆 부서는 모두 퇴근을 한 모양이었다. 누군가의 구두 소리가 내 책상 앞에서 멈췄다.

"아이고, 김 과장. 아직도 안 갔어?"

"어, 상무님. 이제 퇴근하세요?"

"응, 할 게 좀 있어서. 김 과장은 뭘 한다고 여태 남아 있어? 얼른 퇴근해야지."

"네, 보고서가 아직 안 끝나서요. 조심히 들어가세요."

"그래, 김 과장도 대충하고 들어가."

일상이 된 '아픔에 둔해지기'

　퇴근하는 상사와 잠깐의 대화를 나누는 동안 명치 끝에서 극심한 통증이 전해졌다. 위경련이 점점 심해지고 있었지만, 끝나지 않은 일을 두고 퇴근할 수는 없었다.

불이 꺼진 회의실에 들어가 의자 몇 개를 붙여 누웠다. 장시간의 노동으로 화가 난 몸을 복식 호흡으로 다스려 볼 작정이었다. 들이쉬고, 내쉬고, 들이쉬고, 내쉬고를 반복하다 보니 조금 나아지는 듯했다.

'집에 가고 싶다. 그래도 해 놓고 가는 게 마음은 편하니까…. 메일만 보내고 가자.'

의자에 누운 채 주먹으로 배를 툭툭 치다 일어났다. 잠시 누웠다 일어났을 뿐인데 열한 시가 지나 버렸다.

　매번 이런 식이었다. 통증을 참는 것은 당연하고, 일을 끝내지 못하는 것은 당연하지 않았다. 일에 대한 책임감은 언제나 통증보다 우위에 있었다. 업무량과 마감일은 내가 통제할 수 없으므로 통증을 통제하기로 했다. 가방에서 진통제를 꺼내 입안에 털어 넣고 나 자신에게 최면을 걸었다.

'조금만 더 버티자. 조금만 더.'

이미 몇 시간 전에 진통제를 먹은 상태였지만 약효가 다한 듯했다. 업무가 아직 끝나지 않았으니 통증은 억제되어야 했다. 진통제의 효능이 다하기 전에 업무를 빨리 마무리 짓는 것 외에 할 수 있는 일이 내겐 없었다.

시간이 지나서야 그것이 나 자신에게 좋은 방법이 아님을 깨달았다. 어느 날 내 이야기를 듣던 심리상담 선생님은 말했다.
"어떤 면에서는 참 섬세한 사람 같은데, 어떤 면에서는 또 둔감한 면이 있는 거 같아요. 특히 본인한테 쉼이 필요하다든가…, 스스로 힘들다는 사실을 본인이 잘 못 느껴서 계속 참고 일을 하나 싶기도 하고요."

그녀의 말을 듣고 곰곰이 생각해 보았다.
'원래 내가 아픔에 둔했던가?'
나는 통증에 익숙한 사람이었다. 나는 어릴 때부터 복통과 편두통을 자주 호소했지만, 특별히 몸의 문제가 발견되는 일은 없었다. 그러다 차츰 내가 남들보다 예민한 신경계를 갖고 태어났다는 사실을 깨달았다. 남들은 나만큼 민감하지도, 통증을 자주 느끼지도 않았다. 나는 앞서 아론 박사가 말한, '초민감자'였던 것이다.
나는 때때로 경미한 소리, 냄새, 진동 등에 매우 스트레스를 받앉고, 이는 각종 통증으로 이어졌다. 진통제를 먹고 통증을 견디는 일은 어느덧 일상이 되었다.

이유 없는 통증은 없다

의사가 아닌 이상, 다른 사람이 겪는 통증의 원인과 결과를 이해해 줄 사람은 그리 많지 않다. 사람들은 아픈 사람을 좋아하지 않는다. 아픔의 대상이 본인이든 타인이든, 아픔의 본질은 '피하고 싶은 고통'이다.

아프다고 직장에서 병가를 자주 내면 "건강관리도 실력이야"라는 말을 들을지도 모른다. 일보단 아픔의 치유를 선택한 대가로 책임감 없다는 평가를 받을 수도 있다.

더군다나 '타고난' 민감성을 이해하는 사람은 드물다. '예민한 사람은 사절' 같은 문구처럼, 세상은 누군가의 민감성을 품어 주는 데 인색하다. 이런 이유로 때론 통증을 숨기고 견디는 것이 누군가에게는 현명한 선택이 되곤 한다.

예를 들어 회사에서 협업하는 상황에서는 "그거 언제쯤 줄 수 있어요? 빨리 줘야 하는데"라는 재촉이 이어지기 쉽다. 이렇게 업무가 빡빡하게 돌아가는 상황에서 '쉬엄쉬엄' 하기란

어간 어려운 일이 아니다. 이런 상황이 반복되다 보면 자연스레 어지간한 통증에는 대응하지 않는 태도가 몸에 밴다. "제가 몸이 좋지 않아서요" 대신에, "아, 죄송해요. 지금 바로 보내드릴게요!"라고 말하게 된다.

참는 것이 익숙해지면 큰 고통에도 표정 관리를 할 수 있는 '경지'에 이른다. 여러 가지 통증들이 수시로 오는 경우라면 일일이 대응하기도 어렵다. 습관이란 무서운 것이다. 통증을 참는 것이 몸에 밴 사람들은 '쉰다'라는 생각을 자연스레 건너뛴다. 여기에 무언가를 '해야 한다'라는 강박과 집착이 더해지면 상황은 더 심각해진다.

자신의 건강보다 다른 것을 우선시하는 습관이 만들어지면 뇌는 점점 더 큰 신호를 보낸다. 견딜 만하던 통증이 점점 더 심해지거나, 다른 부위에 통증을 보내기 시작한다.

'자꾸 내 말 안 들을 거야? 이래도? 그럼 이건 어때?'

직관을 무시하는 우리에게 뇌는 어떻게든 신호를 보내려 한다.

신호는 신체뿐 아니라 마음으로도 보내진다. 상처 주는 말이나 감당하기 어려운 일에 맞닥뜨렸을 때 우리가 받게 될 정신적 손상을 막기 위해 보내는 신호.

신체 통증을 무시하는 사람들과 마찬가지로, '마음의 통증'을 무시하거나 둔감한 사람들이 있다. 이런 사람들은 보통 세 가지 패턴을 보인다.

첫째, 남들 눈치를 본다. 상처받은 자신을 들여다보는 대신 주변을 살피기 바쁘다.

둘째, 원인분석에 집착한다. 해결방안을 고민하기보다는 인과관계를 더 걱정한다.

셋째, 불평하고 남을 비난한다. 불평과 비난은 아픔을 달래는 일시적 수단밖에 되지 않지만, 쌓여가는 감정을 배설하기 위해 반복된다. 하지만 불평과 비난으로 잠시 위로를 받거나 주의를 돌릴 순 있겠지만, 결과적으로는 아픔을 지연시킬 뿐 근본적인 해결은 되지 못한다.

모든 통증에는 '이유'가 있다. 통증은 잘못된 것을 바로잡겠다는 몸의 신호다. 신호는 위장, 대장의 경련으로 나타나기도 하고, 견디기 힘든 슬픔이나 공황발작으로 오기도 한다.

클라우스 베른하르트는 그의 저서 《어느 날 갑자기 공황이 찾아왔다》에서 우리의 잠재의식을 슈퍼컴퓨터에 비유했다.

'잠재의식은 슈퍼컴퓨터처럼 직관을 통해 우리가 처해 있는 현상태를 분석한 자료를 지속적으로 보내 준다. 그리고 우리가 무엇을 해야 하는지 무엇을 그만두는 게 더 나은지 충고해 준

다. 이렇게 하는 이유는 딱 하나다. 바로, 우리를 보호하기 위해서다.'

자신을 보호하기 위해서는 '직관'에 귀를 기울일 수 있어야 한다. 온갖 통증을 달고 살면서도 계속 직관을 무시한다면, 평범하던 당신의 삶이 한순간에 무너질 수 있다. 의식적인 노력이 있다면 직관을 따르는 일은 어렵지 않다.
'싫어!'라는 우리 내면에서의 짧고 강렬한 외침에 귀를 기울이자. 똑똑한 직관이 우리를 보호해 줄 것이다.

2장

번아웃 탈출 솔루션 1 : 몸의 신호에 귀 기울이기

[01]

'힘들다'라는 몸의 신호를
따라야 하는 이유

차라리 숨을 거뒀으면 하는 순간이 있었다. 몸이 아파서도, 마음이 너무 아파서도 아니었다. 그저 잠을 자지 못했을 뿐이다. 상상이나 했겠는가. 잠이 오지 않는다는 이유로 '죽는 게 낫겠다'라는 극단적인 생각이 들기도 한다는 사실을. 그때의 내 몸 상태는 정상범위에서 벗어나 있었고 마음대로 되는 것이 없었다. 가장 심한 것이 '수면'이었다.

나는 종종 일어난 지 40시간이 되어 가도 도통 잠을 자지 못하곤 했다. 잠을 자지 못하니 몸이 정상적인 기능을 하지 못했다. 두통과 함께 정신이 혼미했고, 손발은 차갑고 힘이 없었다. 뭔가를 응시하고 있으면 바늘로 찌르는 듯 눈이 따가웠고, 쉴새

리셋, 다시 나로 살고 싶은 당신에게

없이 콧물이 흘렀다.

어느 날, 나는 이도 저도 할 수 없는 상황에서 방바닥에 누워 유튜브 영상을 틀었다. 밖은 이미 봄기운이 가득했지만 얼음장 같은 손발을 데우려 전기난로를 켰다.

눈의 극심한 피로감 때문에 화면을 볼 수는 없었다. 소리가 들릴 듯 말듯 볼륨을 조절하고 눈을 감았다. 엎어 놓은 휴대전화에선 차분한 목소리의 여성이 느릿한 영어로 말하고 있었다. 난로의 따뜻한 열기와 여성의 목소리에 모든 감각을 내맡기는 순간, 필름이 끊기듯 잠이 들었다.

그 상태로 가만히 죽은 듯이 잠을 자다 일어났다. 잠에 관한 생각을 내려놓자마자 잠이 든 것이다. 잠에 집착했던 것이 문제였을까. 아니면 외국어를 듣는 것이 도움이 되었을까. 이런저런 생각이 머릿속을 둥둥 떠다녔다.

우리가 일상적으로 겪는 몸의 신호들

그날 문득 내 삶을 변화시키기 위해 '전략'이 필요함을 깨달았다. 회사에서 제품이나 서비스를 개선하기 위해 전략을 세우는 것처럼, 내 삶을 개선하기 위한 전략이 필요했다.

현재(As-is)와 이상(To-be) 사이의 '틈(Gap)'을 해결하는 일. 그렇게 현실을 새롭게 재구성하는 것이다. 삶에서 오는 대부분의 문제는 이런 간극을 조금만 좁혀도 어느 정도 해소된다.

나는 어떤 식으로든 해소를 원했고 내 몸과 마음에 대해 제대로, 전략적으로 알아야겠다는 생각이 들었다.

'건강한 나'와 '건강하지 못한 나' 사이의 간극을 좁히는 일은 관심과 관찰로 시작되었다. 나에게 일어나는 문제를 관찰하고, 그 증상에 관해 공부했다.

여러 책과 논문들을 읽고 나서 깨달은 사실은, '몸은 우리를 보호하기 위해 끊임없이 신호를 보낸다'는 거였다. 어떤 면에서 '건강하지 않은 나'는 이 신호에 적절한 '대응'을 하지 않은 결과였다.

보통 몸이 아프면 병원에 가는데, 증상이 크지 않고 원인도 불명확할 때 의사로부터 항상 듣는 말이 있다.

"스트레스받으면 그럴 수 있어요."

이 말은 일상어처럼 쓰여서 그저 형식적으로 하는 말이 아닌가 하고 여겨지기도 한다. 하지만 의사의 이 말은 언젠가 우리가 무시하고 넘겼던 몸의 '신호'를 뜻한다.

우리 뇌는 스트레스를 받으면 신경전달물질을 통해 몇 초 만에 통증을 보내는데, 이 통증이 바로 신호다. '스트레스'는 어떤 방식으로든 '힘들다'는 것을 의미한다. 우리 몸은 이미 여러 번 '힘들다'는 신호를 보냈지만, 적절히 대응하지 않았기에 병원에서 위와 같은 말을 듣게 되는 것이다. 다음은 우리가 일상적으로 겪는 신호들이다.

- 두통, 어지러움, 현기증
- 목과 어깨의 뭉침, 근육통
- 속 쓰림, 소화불량, 역류성 식도염
- 설사, 변비, 복부 팽만감 등 대장 증상
- 잦은 감기 및 몸살
- 알레르기성 결막염, 비염 등의 재발
- 입안이 자주 헐거나 입술 터짐
- 피로감, 의욕 저하

누구에게나 있을 법한 이 흔한 증상들은 스트레스가 만들어 낸 결과물이다. 여러 가지 신체 질환이 복합적으로 일어나고 있다면 내 마음을 들여다볼 필요가 있다. 내가 원하는 삶과 현실 간의 간극이 너무 크지는 않은지, 혹은 원하지 않는 것을 너무 오래 받아들이고 있지는 않은지.

'통증의 신호'를 멈추는 방법

나는 꽤 오래 감정 신호기를 꺼 두고 살아온 듯했다. 부정적인 감정이 들면 의식적으로 그 감정을 회피하거나 억누르는 방식을 택함으로써, 프로페셔널하고 성숙한 직원으로 살아가려 했다. 그게 잘하는 거라 생각했다. 눌러 담긴 감정이 폭발하는 위험을 감수하느니 차라리 감정 신호기를 꺼 버리는 편이 낫다고.

감정 신호기를 오랫동안 꺼 버린 사람들은 자신이 힘든지 아닌지를 잘 판단하지 못한다. 마치 화재경보기가 꺼진 건물에서 일하는 상황과 같다. 건물에는 제대로 작동하는지 알 수 없는 소화기가 하나 있을 뿐이다. 더구나 우리는 대부분 화재경보기나 소화기에 관심을 두지 않고 살아간다. 그래서 그런 곳에서 불이 나면 대처도 느리고 피해가 막대하다.
화재경보기를 '자발적으로' 꺼 버린 나는 갑자기 발화된 불에 대피하지 못하고 상처를 입었다. 그리고 상처를 더디게 회복하고 나서야 '신호'의 중요성을 체감했다.

다행히 우리에겐 현실과 이상 간의 간극이 벌어지지 않게 도와주는 똑똑한 센서가 있다. 바로 '직관'이다. 직관은 간결하

리셋, 다시 나로 살고 싶은 당신에게

고 명확하다. '좋거나, 싫거나'이다. 명확한 이유는 모르겠지만 어딘지 마음이 찜찜하고 불안할 때가 있다. 이때 직관은 '싫어!'라는 신호를 보내고 있다. '이게 아닌데' 싶을 때도 마찬가지다. 이런 순간마다 우리가 직관에 따른다면 몸은 '힘들어!'라는 통증의 신호를 보내지 않아도 된다. 그러니 때론 일을 놓고 직관에 귀를 기울이자. 마음에 자꾸 걸리는 뭔가를 찾아내고 원하는 걸 알아내자. 그것을 만족시키는 것만으로도 삶은 달라질 수 있다.

스트레스는 어떻게 우리 몸을 번아웃 상태로 만드는가

"그렇게 하는 게 의미가 있는지 잘 모르겠습니다."

"그냥 하라면 해!!"

우레같은 상사의 목소리가 회의실에 울려 퍼졌다.

"지금 시간 없어. 한 시간 내로 수정해 와!!! 알겠어?"

"네."

회사에 다니면서 종종 그런 생각을 했다. 내가 견뎌낼 수 있는 자극의 최대치가 어디까지일까. 내 한계가 어디까지인지를 미리 알았다면 공황장애와 우울증도 피할 수 있었을까. 더 현명한 선택을 할 수 있었을까.

스트레스는 자극에 대한 몸의 반응이다

회사가 내게 준 성적표로 본다면 나는 일을 잘하는 편에 속했다. 빼어난 실력으로 주변을 놀라게 할 정도는 아니었지만, 상사가 원하는 바를 충족할 수 있는 직원이었다.

눈치와 손이 빨라 종종 칭찬을 들을 때도 있었지만, 그와는 별개로 힘들었다. 열심히 살아도 힘들고, 대충 살아도 힘들었다. 무엇이 나를 그토록 힘들게 하는지 알 수 없어 힘들었고, 알지 못하니 해결할 수 없어 힘들었다. 그렇다고 누군가에게 조언을 구하거나 우격다짐으로 부딪히는 성격도 아니었다.

'내가 남들보다 나약한가?' 하는 의심이 들기도 했다. 하지만 그렇다고 하기엔 내가 강인하다 싶은 순간도 있었다.

결국, 힘든 이유는 스트레스 때문이었다. 스트레스의 이유를 말하라면 적어도 수십 가지는 댈 수 있었다. 기분파 상사의 변덕, 억지스러운 피드백, 사무실의 답답한 공기, 동료들의 경쟁심, 누군가의 비아냥, 누군가의 땀 냄새, 누군가의 키보드 소리, 위층의 공사 소음, 초만원 상태의 대중교통….

주변은 언제나 스트레스받을 만한 일들로 가득했다.

'스트레스'라는 말은 참 묘하다. 그 말로는 나의 힘듦을 충분히 표현하지 못하는 듯하다가도, 때론 모든 걸 설명해 주기도 한다. "너무 스트레스받아요"라는 간결한 말에는, 인과관계를 명확히 따질 수 없는 복잡다단한 고통이 뒤섞여 있다.

스트레스는 보통 '힘듦'을 상징한다. 하지만 스트레스는 좀 더 몸의 차원에서 이해하는 것이 좋다.

스트레스는 자극에 대한 '몸의 반응'이다. 다양한 자극이 몸으로 전달되면 우리 몸은 특정한 메커니즘을 통해 이를 처리한다. 만약 감당하기 힘든 수준의 자극이 계속되면 몸은 스트레스를 받는다.

스트레스받은 몸은 우리에게 적절한 대응을 요구하는데, 이러한 요구는 힘들 때뿐만 아니라 기분이 좋을 때도 일어난다. 이러한 맥락에서 볼 때 자극이 없다면 스트레스받을 일도 없다. 하지만 자극이 아예 없는 곳은 세상에 존재하지 않는다. 템플스테이나 자연휴양림 같은 곳에서도 약하게나마 자극은 존재한다.

자극은 외부 세계뿐 아니라 우리 내부에도 존재한다. 내부에서 만들어진 생각, 감정들도 몸의 입장에서는 '자극'이라 할 수 있다. 어떤 자극이든, 자극의 취지가 어쨌든, 몸이 감당하기 어려운 자극이면 스트레스 반응이 일어난다. 빛, 냄새, 온도 등

오감을 통해 들어오는 다양한 자극, 출처를 알 수 없는 기분까지, 몸은 정도가 지나치다고 판단되면 스트레스 반응을 일으킨다.

사람마다 견딜 수 있는 자극의 정도가 다르다 보니 저마다 겪는 스트레스도 제각각이다. 내가 유독 예민하고 별난가 싶을 때도 있지만, 개개인이 모두 다른 몸을 가졌다고 생각하면 이상할 것이 없다. 단지 개개인이 다양한 상황에서 자극을 견디는 수준이 다를 뿐이다.

그래서 스트레스는 개개인이 가진 몸의 차원에서 이해해야 한다. 이런 차원에서 생각해 보면, 사랑스러운 내 아이의 웃음소리가 누군가에게는 견디기 힘든 자극이 될 수 있다는 사실을 깨닫게 된다.

스트레스를 받을 때 우리 뇌에서는 어떤 일이 벌어질까

잠시 스트레스 상황으로 들어가 보자. 회사원인 당신은 오랜만에 가족들과 저녁 모임을 하기로 했다. 그런데 퇴근 한 시간 전에 보고서를 수정하라는 피드백을 받았다. 오늘을 대비해 미리 보고서를 끝내 놓고 피드백을 기다렸지만, 상사는 종일 회의를 하다 이제야 피드백을 준 것이다.

기한은 오늘까지다. 상사는 당신이 수정본을 전달할 때까지 퇴근하지 않을 기세다. 당신은 가족에게 한 시간 정도 늦을 것 같으니 먼저 식사를 시작하라고 연락한다. 하지만 보고서 수정은 계속된다.

당신의 몸은 제때 밥을 먹지 못해 혈당이 떨어지고, 반복되는 수정작업으로 긴장되고 경직된 상태다. 기다리고 있을 가족을 생각하니 초조해지지만, 최대한 빨리 끝내기 위해 집중하려 노력한다. 하지만 수정을 거듭할 때마다 상사의 생각이 바뀐다. "아, 이 내용도 추가하면 어떨까?"

결국, 보고서 수정은 밤이 되어서야 끝이 난다. 그렇게 애를 썼건만 결국 가족 모임에 가지 못하게 된 상황에 당신은 짜증이 나고, 가족에 대한 미안함과 서글픔이 밀려온다. 침울함 속에 식욕은 사라져 버렸다.

'맛있는 저녁 식사는 물 건너갔으니 집에 가는 길에 술이나 한 병 사 가야겠다. 내 팔자에 무슨 저녁 약속이야…'

이 상황을 읽으며 가슴이 답답하고 숨 막히는 기분이 들었다면 당신에게도 비슷한 상황이 자주 일어났을 가능성이 크다. 위로될진 모르겠지만 이런 일은 내게 일상이었다. 내가 일했던 회사는 대세에 따라 '저녁이 있는 삶'을 지향하고 있었다. 하지만 부서에 따라, 상사의 성향에 따라, 업무에 따라 편차가 컸다. 업무가 많은 부서에서 일 중독 상사와 일했던 내게 '일과 삶의 균형'의 기회는 주어지지 않았다.

워라밸을 쟁취하기 위해 퇴근 후의 삶을 되찾아 보려 발버둥치기도 했다. 하지만 얼마 지나지 않아 달라지는 것은 없다는 사실을 깨달았다.

삶에서 투쟁이란 때론 불가피하다. 살다 보면 원하는 것을 얻기 위해 싸워야 하는 상황이 생긴다. 보고서를 오늘까지 수정해야 한다는 돌발적 상황, 기다리는 가족을 위해 최대한 빨리 끝내려는 상황, 상사가 만족할 때까지 최대한 잘해야 하는 상황 등.

이때 뇌에서는 어떤 일이 벌어질까. 뇌의 입장에서 이런 상황은 실제로 '맹수를 만났을 때'와 비슷한 상태라고 한다. 위기 상황임을 인식한 뇌는 '위기'라는 비상등을 켜고 '교감신경계'를 활성화한다.

그러면 우리 몸은 안팎으로 위기에 반응하는 상태가 된다. 강한 힘을 내어 도망칠 수 있도록 혈액을 빠르게 공급하고 심장박동이 증가하기 시작한다. 폭발적인 힘을 내기 위해 근육이

긴장하고, 소화나 생식기능 같은 기능은 일시적으로 멈춘다.

스트레스가 만드는 '불안한 뇌'

상황이 종료되어 '위기' 비상등이 꺼지면 부교감신경이 활성화된다. 이때 몸은 긴장을 낮추고 안정에 들어선다. 이처럼 우리 몸의 자율신경계는 자동 온도조절 장치처럼 교감신경계와 부교감신경계를 주거니 받거니 하며 스트레스 상황에 대응한다.

말 그대로 위기란 특정 시기에 일어나는 특정 상황을 의미하므로 교감신경계가 계속해서 활성화되지는 않는다. 문제는 이 장치가 '고장 날 수도' 있다는 사실이다. 스트레스 상황에 너무 자주 놓이다 보면 신경계가 점차 예민해지고 쉽게 스트레스받는 사람이 된다. 작은 자극에도 금방 피로해지고, 감정에 날이 선다.

더 심각한 문제는 이런 상태가 반복되면 '뇌 구조가 바뀐다'는 사실이다. 뇌가 위기를 너무 자주 인식하면 불안의 경험을 조합해 작은 자극에도 쉽게 불안에 도달하는 '불안 회로'를 만들어 낸다.

리셋, 다시 나로 살고 싶은 당신에게

이렇게 되면 뇌는 잘못된 예측을 하기 시작한다. 시도 때도 없이 불안해지고 불안의 정도도 높아진다. 공황장애 환자들이 불특정 장소에서 갑자기 발작 증세를 보이는 이유도 이 때문이다. 불안을 느낄 필요가 없는 상황에서 과도하게 불안해지고 교감신경계가 활성화되어 발작이 일어난다. 뇌의 '예측 오류'다.

그 예측 오류가 나에게 일어났다.
"교감신경, 부교감신경 모두 정상이 아니에요."
"그게 어떤 상태인 건가요? 약을 먹으면 고쳐지나요?"
"한마디로 뇌가 불안해요. 예민해져 있어요. "
나의 신경계에 문제가 생겼다는 사실은 대학병원에서 처음 공황장애와 우울증 진단을 받았을 때 알게 되었다. 그날 교감신경, 부교감신경이라는 단어를 처음 들었다. 진단하기 전에 몸에 장치를 달고 검사했는데, 의사 선생님은 그래프에 그려진 선들을 보면서 '예민하고 불안한 뇌'라고 판단했다.

막상 진단을 받았을 때는 '불안한 뇌'가 되었다는 게 무엇을 뜻하는지, 그렇게 된 연유가 무엇인지 알 수 없었다. 하지만 교감신경, 부교감신경이 언제 활성화되는지 알고 나서는 모든 게 이해되기 시작했다. 업무 중에 왜 그토록 자주 위경련이 일어났었는지, 내게 왜 공황장애라는 증상이 나타났는지.

나는 종종 회사를 '전쟁터'와 다름없다고 비유하곤 했는데, 실제로 내 몸은 전시 상황의 위기를 겪고 있던 것이었다. 반복되는 스트레스가 몸을 항상 '위기' 상태로 있게 하고, 소화 기능은 물론 신경계에 이상을 일으켜 몸의 균형이 깨진 것이었다.

나는 내 몸의 예측기가 엉터리가 되었음을 인정해야 했다. 깨진 균형을 되살리기 위해 모든 것을 원점으로 돌려놓기 위한 노력을 해야 했다.

[03]

왜 번아웃이
계속해서 반복되는 걸까?

실리콘 밸리의 많은 고액 연봉자들이 번아웃으로 일터를 떠난다고 한다. 구글, 트위터, 인스타그램, 아마존과 같은 거대 IT 기업에 다니는 사람들이 평균 1년 2개월을 넘기지 못하고 이직을 한다. 수평적인 문화와 효율을 중시하는 외국 기업 직원들도 번아웃을 피해가지 못하는 듯 보인다.

번아웃이 반복되는 사람들의 특징

번아웃이 오면 사람들은 잠시 일을 그만두거나 장시간 휴가를 보내며 '배터리'를 충전한다. 한 달 정도 잘 쉬고 나면 호전되는 기미가 보인다. 여기서부터 두 가지 갈림길이 생긴다. 다시 번아웃이 오지 않도록 자신을 돌보며 살아가거나, 다시 이전처럼 모든 것을 쏟아붓거나.

두말할 필요 없이 번아웃을 반복하는 사람들은 후자인 경우다. 이런 사람들은 회복된 이후에도 별다른 교훈이나 행동 변화의 필요성을 깨닫지 못하거나 아예 망각한다. 교훈을 얻지 못하면 자신이 원래 하던 대로 하기 쉽다.

나 역시 그랬다. 심신이 너무 지친 나머지 일터를 떠나 쉬는 것 외에 별다른 방법을 생각하지 못했다. 그저 야근 적고 복지 좋은 회사로 이직하면 만사가 해결되리라 믿었다.

집에서 두어 달 쉬니 어느 정도 의욕을 되찾을 수 있었다. 몇 군데 면접을 보고 순조롭게 이직에 성공했다. '이번엔 다르겠지' 하는 막연한 기대감으로 이직한 회사의 첫 출근이 시작되었다.

상황은 예상과 다르게 흘러갔다. 출근 3일 만에 밤 열한 시까지 야근을 했다. 뭔가 잘못된 듯한 예감이 들었는데, 결국 그 예감대로 전쟁 같은 나날이 이어졌다. 남들보다 일찍 출근해 업무를 파악하는 일로 하루가 시작되었고 퇴근은 남들보다 늦었다.

이전 회사에서처럼 서로 손발이 되어 주었던 팀원들은 없었고, 혼자 처리해야 하는 일이 끝없이 들어왔다. 적응이 덜 된 상태에서 갑자기 맡겨지는 업무를 해내는 데는 많은 에너지가 필요했다. 방전된 몸을 이끌고 집에 돌아오면 그대로 뻗어버리는 날이 많았다.

입사한 지 4개월이 조금 넘어갈 무렵, 모든 것을 놓고 도망치고 싶은 기분을 느꼈다. '이건 아니야'라는 '신호'였다. 본격적으로 프로젝트가 시작되고 긴장 속에 하루하루가 흘렀다. 책임감 때문에 어떻게든 업무를 끌고 가던 차에 몸이 여기저기 아프기 시작했다. 마음속 어딘가에서 신호가 들려왔다.
'이건 아니잖아. 여기서 계속 일할 거야?'
하지만 나는 그 신호가 매우 강력했음에도 불구하고 좀 더 '이성적'으로 생각하기로 했다. '아니야. 지금 그만두면 이직 준비할 때 마음이 더 힘들어질 거야', '처음엔 원래 다 힘든 거야. 큰 회사 오니 쉽지 않은 거야. 좀 더 버텨봐.'

버틸 수 있을 거란 자신감이 또다시 나 자신을 '성실의 감옥'에 가두는 꼴이 되었다. 버티면 버틸수록 삶이 점점 미궁으로 빠져드는 느낌이었다. 혼란스러웠다.
이렇게 살고 싶지 않았는데 왜 다시 이러고 있나? 이 직업이

원래 이렇게 힘든 일인가? 적성에 안 맞는 일인가? 이 업계가
원래 힘든가? 상사가 완벽주의라서 힘든가?

답 없는 질문만 반복하다 몇 달이 흘렀다. 신입사원처럼 공부
하던 열정도 꺼져가는 장작불처럼 사그라들었다. 결국엔 예전
보다 더 힘들어졌다는 사실을 인정해야 했다.

같은 선택, 같은 상황이 반복되는 이유

　일이든 관계든, 원치 않은 상황이 반복되면 그 이면을 살펴
봐야 한다. 선택에서 오는 문제의 원인은 대부분 자신에게 있다.
우리 몸에는 뇌가 특정한 방식으로 만들어 놓은 '세계'가 있다.
이 세계는 나를 둘러싼 주변으로부터 영향을 받으며 조금씩
모습을 바꾼다. 이렇게 세계가 바뀌면 사람이 바뀌고, 그 사람
의 삶이 바뀐다. 즉, 세계가 바뀌면 삶도 바뀐다.

하지만 이것을 달리 말하면, '세계가 바뀌지 않으면 삶도 바뀌
지 않는다'가 된다.

　뇌가 만들어 놓은 '세계'란 뇌의 신경망에서 만들어진 '마
음'을 말한다. 신경망에서 마음이 만들어진다? 얼핏 생각해도
'신경망'과 '마음'은 서로 어울리지 않는 단어 같다. '마음먹기

달렸다', '마음 아프다', '마음이 간다' 능의 표현처럼 우리에게 '마음'이란 뭔가 추상적이고 모호한 개념으로 생각되기 때문이다. 하지만 놀랍게도 뇌 과학에서는 '마음'을 실체가 있는 것으로 설명한다. 뇌 과학에서 설명하는 마음은 '고도로 구조화된, 매우 복잡한 집합체'다.

우리는 자아를 가진 한 인간으로서 생각과 감정을 통해 행동한다고 생각하지만, 실은 그렇지 않다고 한다. 인간의 모든 행동은 '신경계에 의해' 조절된다는 것이다.

마빈 민스키 MIT 교수에 의하면 우리가 하는 모든 생각과 행동은 '뉴런(신경계의 단위)과 뉴런 간의 상호작용'으로 일어난다. 뉴런들은 촘촘하고 정밀하게 연결되어 신경회로를 만들고, 그렇게 만들어진 수십억 개의 신경회로들은 복잡하게 얽혀 망을 형성하는데, 여기서 '마음'이 만들어진다고 한다.

마음에는 인지(인식과 지각), 정서(감정, 기분), 동기(욕망과 꿈), 의지(선택과 결정)를 만들기 위한 정보들이 복잡하게 얽혀 있다.

잠시 야생의 숲을 떠올려 보자. 이 숲에는 온갖 종류의 수풀과 나무들이 자라 복잡하게 얽혀 있다. 구불구불하게 뻗어 있는 나뭇가지들은 방향도 제각각이다. 그런데 그중에서 유난히 튼튼하고 가지가 굵은 나무들이 몇 개 있다. 오래전부터 반복되어 온 기후변화를 견뎌내며 숲의 역사를 간직한 나무들이다. 우리 뇌는 이런 야생의 숲과 비슷하다고 볼 수 있다. 우리 뇌에는 뉴런들이 수시로 나뭇가지처럼 뻗어 나가며 다른 뉴런들과 연결된다. 이중 유난히 굵고 단단하게 연결된 가지들이 있는데, 이것은 과거부터 비슷한 경험이 반복되어 만들어진 결과이다.

반복된 경험이 왜 뉴런의 결속력을 강하게 만들까? 우리가 원하든, 원하지 않든 우리 뇌는 반복되는 것(생각, 경험 등)을 '중요'하다고 여기기 때문이다. 그리고 이것은 우리가 살면서 하는 수많은 선택에 영향을 미친다. 즉, 우리가 나름 심사숙고해서 한 선택이라도 결국은 뇌에서 익숙하다고 여기는 것을 '선택받았을' 가능성이 높은 것이다.

뇌는 평소 자주 하던 것, 익숙한 상태를 기준점으로 삼고 있다가 유사한 상황이 오면 필사적으로 이 패턴을 유지하려 한다. 식습관, 수면습관, 일하는 방식, 말투, 감정 표출 방식, 심심할 때 하는 행동, 옷차림, 특정 상황에서의 표정 등 우리가 하는 수많은 선택이 이 원리를 따른다. 우리가 행복 또는 불행이라고 생각하는 개념이나 그 개념을 떠올리게 하는 기억들도 마찬가지다. 즉, 우리에게 일어나는 특정 상황의 반복은 뇌에게 익숙한 선택의 결과다.

어린 시절부터 형성된 도덕적 신념이나 가치관, 고정관념, 편향된 시각도 마찬가지다. 이미 오래전부터 우리 뇌에 그런 개념들이 둥지를 틀고 있었기에 특정 상황에서 그런 개념들이 무의식적으로 작용하게 된다.

어떤 개념들은 뇌리에 박혀 아주 강하게 특정 궤도를 벗어나기 어렵게 한다. 가령, '윗사람에게 대들어선 안 된다'라는 개념이 깊이 박혀 있는 사람이라면 상사와 싸울 일이 거의 없다. 원칙대로 하는 것을 철칙으로 여기는 원칙주의자도 같은 맥락이다. 매번 다른 선택지가 있음에도 불구하고 우리는 익숙한 사고의 흐름을 거쳐 익숙한 선택에 도달한다. 뇌의 메커니즘이 그렇기 때문이다.

상황을 바꾸려면 선택의 패턴을 바꿔야 한다

내가 회사를 이직한 것도, 그 회사에서 무작정 '버티게' 된 것도 결국은 '마음의 습관'이 선택한 결과다. 성급한 결정, 과로, 억지스러운 노력, 인정의 욕구, 두려움의 감정 역시 내 뇌에 새겨진 패턴에 따라 선택한 결과이다.

만약 내가 이전의 경험을 통해 삶을 변화시키기 위해 의식적으로 노력했다면 다른 선택을 했을지 모른다. 변화를 위해 의식적으로 반복하는 생각과 행동의 패턴에 의해 뉴런들이 다른 방식으로 연결되었을 것이고, 새로 만들어진 마음의 작용을 받았을 것이다.

하지만 과거의 나는 늘 하던 대로, 또다시 비슷한 선택을 했다. 그 선택으로 기존의 패턴이 더 강화되면서 불안, 공포, 우울을 쉽게 느끼는 회로가 만들어졌다.

만약 당신에게 스스로 원치 않는 무엇인가가 반복되고 있다면 자동화된 사고의 흐름대로 선택한 결과일 가능성이 크다. 삶을 바꾸고 싶다면 선택의 패턴을 바꿔야 한다. 물론 쉽지 않은 일이다. 하지만 스스로 변화를 의식하며 원하는 것에 집중하면 선택의 패턴도 바꿀 수 있다.

나 역시 그랬다. 삶의 변화가 필요했고, 그 변화에 집중하다 보니 모든 것을 멈추고 새로운 삶을 만들어 가는 상태에 있게 되었다. 변화를 바라는 마음이 나 자신을 돌아보는 시간을 마련해 준 결과다. 시간이 좀 걸리더라도 노력하면 삶도 바뀐다. 원하는 것, 원하는 삶에 집중하고 걸어가 보자. 처음 가보는 길이라 해도 가다 보면 익숙해진다. 뇌가 좋아하는 것은 '반복'이다.

［04］

늘 하던 대로 하거나
생각을 바꾸거나

"아니, 아무리 그래도 그렇지, 그렇게 하시면 어떡해요!"
종합병원 정신의학과 외래 진료실 앞에서 내 차례를 기다리고
있을 때였다. 진료실 안에서 의사 선생님의 화난 목소리가 들
렸다. 환자 목소리는 작아서 거의 들리지 않았다.
'진료실에서 무슨 일이 일어나고 있는 걸까? 보통 정신과라고
하면 차분하고 온화한 목소리의 선생님이 환자를 이끌지 않
나?'
그런 고정관념에 사로잡혀 있던 나는 뜻밖의 소리에 놀랐다.
내 일도 아닌데 괜히 궁금했다. 곧 내 이름이 호명되고 진료실
에 들어갔다.

"그동안 좀 어떠셨어요?"

네모난 안경에 머리가 희끗희끗한 의사 선생님이 지난번과 같은 질문으로 나를 맞았다. 그에게 일주일 동안 회사에서 있었던 일과 최근의 기분, 몸 상태가 어떤지를 이야기했다.

"… 회사 일이란 게 그렇잖아요. 제가 노력한다고 될 일도 아닌 거 같고…. 그냥 살기가 싫어요. 요즘엔 이렇게 살아서 뭐하나 하는 생각이 들어요."

그 말이 끝나기가 무섭게 호통이 들려왔다.

"아니, 회사에서 힘들면 본인을 힘들게 한 쪽에다 책임을 묻고 따져야지, 왜 자기 파괴적인 생각으로 자신을 몰아가요?"

조금 전 진료실 밖에서 들었던 것과 같은 어조와 말투였다. 정신이 번쩍 드는 그의 목소리에서 '자기 파괴'라는 단어가 또렷이 들렸다. 한 번도 생각해 본 적 없는 단어였다.

왜 우리는 똑같은 자극에 다르게 반응할까

"자기 파괴…. 그렇네요."

나는 그 단어가 너무나 충격적인 나머지 순간 멍해졌다. 의사 선생님은 잠시 침묵한 뒤 자신이 처방한 약에 대한 설명을 시작했다. 집으로 돌아오는 내내 그 단어를 떠올렸다.

리셋, 다시 나로 살고 싶은 당신에게

'자기 파괴⋯. 자기 파괴⋯. 내가 나를 파괴하다니.'

의사 선생님이 던진 한마디는 나의 정신세계에 큰 파문을 일으키고 있었다. 궁금했다. 왜 한 번도 생각해 본 적 없었을까. 그 생각이 '독이 되는 생각'임을 왜 '전혀' 인식하지 못했을까. 예전엔 낙천적인 성격이라는 말도 들었는데, 어쩌다 이렇게 된 걸까.

어떤 생각은 자신도 모르는 사이에 정신을 지배하곤 한다. 그때의 나에게는 자기 파괴적인 생각이 나를 지배하고 있었다. 어느 시점부터였는지는 기억나지 않는다. '이렇게 살아서 뭐하나' 하는 생각. 어쨌든 꽤 자주 했던 생각이었다. 나는 어느새 비관주의자가 되어 있었다. 자괴감, 분노, 수치심, 죄책감, 슬픔, 무력감 같은 감정들을 멈출 수가 없었다.

나중에 안 사실이지만, 뇌의 관점에서 본다면 당연한 결과였다. 우리 뇌의 활동은 외부에서 날아 들어온 작은 불씨에서 시작된다. 이것은 뉴런의 '점화', 영어로는 불이 붙는다고 해서 'Neuron Firing'이라고 한다.

뉴런에 불이 지펴지면 그와 연결되어 있던 다른 뉴런에 정보가 보내진다. 이 정보를 받은 뉴런은 중요한 정보인지 아닌지를 판단해 또다시 다른 뉴런들에 전달한다. 이런 과정은 평균

0.16초라는 정말 짧은 순간에 일어나는데, 이때 '감정'이 만들어진다.

감정을 만들어 내는 '작은 불씨'는 우리가 어떤 경험을 하는 순간 만들어진다. 하지만 이런 불씨로 인해 매번 감정이 만들어지지는 않는다고 한다. 이것은 뇌가 작은 불씨, 즉 자극을 어떻게 '범주화'하느냐에 달렸다.

범주화는 우리 마음에 있는 어떤 이미지나 개념을 불러오는 것을 말하는데, 뇌는 범주화를 통해 우리가 매번 경험하는 일들에 '의미'를 부여한다. 예컨대 특정 상황에서 어떤 사람들은 쉽게 화를 내거나 짜증을 내는 반면, 불교에서 오랫동안 명상 수행을 한 스님들은 비교적 평온함을 유지한다. 이는 동일한 자극이라도 개개인의 뇌가 다르게 범주화했기 때문에 생기는 차이다.

자극을 길들이면 뇌의 패턴을 바꿀 수 있다

뇌의 범주화는 '생각'의 영향을 받는다. 따라서 안 좋은 감정을 느끼지 않으려면 평소 자신의 생각이 어땠는지를 점검해 봐야 한다. 생각이라는 건 자신도 모르게 떠올랐다 사라지곤 하는데, 언제나 부정적으로 생각하는 습관이 있다면 그 생각이 무의식적으로 부정적인 감정으로 흐를 수밖에 없다. 즉, 당신이 평상시 하는 부정적인 생각들이 이런 부정적인 감정을 몰고 온다.

'아, 되는 일이 하나도 없네.'

'진짜 못 해 먹겠다.'

'저 인간은 왜 자꾸 저따위로 굴지?'

이처럼 생각은 대부분 우리 안에 자동화되어 있다. 나 역시 병원에서 '자기 파괴적' 생각을 지적받지 않았다면 스스로 그것을 깨닫지 못했을 것이다. 이런 부정적 생각의 패턴을 끊으려면 긍정적인 생각을 하면 되는데, 사실 그러기가 쉽지 않다. 평소 우리 뇌에서 반복되던 패턴이 아니기 때문이다. 그렇기에 어느 정도 긍정적인 생각을 하는 훈련이 필요하다.

'모든 것엔 장단점이 있어.'

'나는 변할 수 있어.'

'내 편은 많아.'

이런 이야기를 우리 자신에게 자주 들려줘야 한다. 어떤 식으로든 뇌가 자극을 긍정적으로 '범주화'할 때까지 생각 습관을 바꾸는 노력을 해야 한다. 부정적인 생각을 할 때마다 가족이나 친구에게 지적해 달라고 하는 방법도 좋다. 나의 경우 주

1~2회 만나는 심리상담사 선생님이 생각 습관을 고칠 수 있도록 도움을 주었다. 이런 노력은 궁극적으로 삶을 변화시킨다.

뇌 구조를 바꾸는 데는 세 가지 방법이 있다. 첫째, 기존 자극에 대해 기존과 다르게 반응하기, 둘째, 반응을 일으키는 자극 자체를 차단하기, 셋째, 반응을 일으키는 자극을 다른 것으로 바꾸기다. 예를 들면 이런 식이다.

[기존 자극: 상사의 꾸지람] → [기존 반응: 나쁜 감정 쌓아두기]

🎲 방법 1
[기존 자극: 상사의 꾸지람] → [평소와 다르게 반응하기: 무시하기]

🎲 방법 2
[기존 자극 차단하기: 휴직하기] → [기존 반응 나타나지 않음]

🎲 방법 3
[기존 자극 바꾸기: 부서 옮기기] → [다른 반응]

내 경우엔 휴직, 즉 기존 반응을 일으키는 자극 자체를 차단하는 두 번째 방법을 택했다. 번아웃과 공황장애로 심신이

리셋, 다시 나로 살고 싶은 당신에게

불안정한 상태였던 나는 기존에 반복되었던 자극에 대응할 여력이 없었다. 그래서 회사와 업무뿐 아니라 사람, 공간 등 대부분의 자극을 차단하고 당분간 집, 병원, 심리상담실이라는 자극만 유지했다.

이렇게 자극이 현저히 줄어드니 조금씩 에너지가 회복되었고 불안, 공포, 우울함이란 감정도 약해졌다. 나중에는 조금씩 긍정적인 생각도 할 수 있게 되었다.

평소 자신에게 익숙한 것들을 조금 다른 관점으로 들여다보자. 그러면 내게 어떤 '패턴'이 존재하는지 알아낼 수 있다. 어떤 생각, 어떤 감정, 어떤 관계가 반복적으로 일어나고 있는가. 이유 없이 반복되는 듯한 욕구, 오랫동안 고치지 못한 습관도 있을 것이다.

앞서 말한 대로 우리에겐 두 가지 선택권이 있다. '사용하거나, 잃어버리거나'. 자주 쓰지 않는 근육은 점차 약해지고, 자주 사용하는 근육은 단단해지듯 뇌에서도 같은 일이 일어난다. 즉, 뇌에 긍정 개념을 많이 만들면 긍정적 감정을 더 자주 느끼게 된다. 반대로 끊임없이 안 좋은 일을 떠올리면 뇌는 부정적인 방향으로 강해진다.

자신도 모르게 내뱉어지는 말들, 자동화된 나쁜 감정들. 이런 것들이 오랜 습관으로 굳어지면 변화에 대한 저항도 커진다는 사실을 기억하자.

우리 뇌는 죽을 때까지 변한다. 매 순간 변하기 위해 우리가 하는 모든 생각과 말을 보고, 듣고, 느끼고 있다. 그러니 스스로 좋은 '선택'을 해야 하지 않겠는가.

세상엔 두 가지 종류의 사람이 있다. 죽을 때까지 변하지 않는 사람과 끝내 변하는 사람. 이 둘의 차이는 '믿음'에 있다.

'사람은 안 바뀐다고 믿는 사람 vs. 노력하면 바뀐다고 믿는 사람'

당신은 어느 쪽인가. 나는 당신이 과학을 믿는 쪽이길 바란다.

[3장]

번아웃 탈출 솔루션 2 :
기울어진 몸의 균형 되돌리기

〔01〕

우리 몸은
'진짜' 휴식을 원한다

휴직계를 내러 회사에 간 날이었다. 우연히 탕비실에서 마주친 후배가 나를 보더니 눈물을 터뜨렸다.

"과장님. 얼굴이… 아… 맘 아파서 도저히 못 보겠어요."

"잘 있었어? 요즘 수면장애가 심해서. 몰골이 좀 그렇지?"

"아, 속상하다 진짜…. 과장님, 치료 잘 받으시고 꼭 회복하셔야 해요."

"응, 고마워요. ○○ 씨도 아프지 말고. 잘 지내."

동료들과 인사를 하고 집으로 향했다. 전철을 타러 가면서 무심코 거울에 비친 나를 보고 깜짝 놀랐다. 연일 이어진 극심한 불면으로 눈 밑이 푹 꺼지고 잿빛의 얼굴을 한 사람이 힘없이

서 있었다.

'저게 나야? 후배가 울고 갈 만하네.'

잠을 자지 못한 나날들의 대가

　그토록 원했던 휴식의 시간이 시작되고, 한동안 잠으로만 채우는 날들이 이어졌다. 뜻했던 바는 아니었다. 그저 약을 먹고 잠을 자고 일어나면 하루가 끝나 있었다. 눈뜨면 해가 질 무렵이거나 밤이었고, 조금 깨어 있다 약을 먹으면 또다시 잠을 잤다. 한 번 잠들면 적어도 열 시간 이상 잤다. 어떤 날은 하루 중 의식이 있는 시간보다 무의식으로 있는 시간이 더 길었다.

"무슨 잠을 그렇게 많이 자니." 자주 전화를 받지 않는 딸에게 엄마는 이해할 수 없다는 듯 말했다.

"몰라. 약을 먹어서 그런가 봐." 무심한 듯 말했지만, 실은 약에 취해 잠드는 하루하루가 점점 두려워졌다.

　일주일쯤 지나 진료실을 찾은 나는 의사 선생님께 물었다.

"저… 선생님, 약을 좀 바꿔 주시면 안 될까요? 제가 너무 많이 자는 것 같아서요. 종일 자고 일어나면 거의 저녁 먹을 시간이 되어 있어요. 그때 일어나서 몇 시간 지나 또 약 먹고, 약 먹으면 또 자고…. 온통 잠만 자고 일어나면 제가 아무짝에도 쓸모 없는 사람이 된 것 같아요."

'쓸모'라는 단어 때문인지 그는 고개를 절레절레 흔들었다. 그리고 뜻밖의 이야기를 했다.

"아뇨, 환자분은 오히려 더 자야 해요. 본인 병은 교감신경이 미쳐 날뛰는 병이에요. 그게 하루 이틀 잔다고 되는 게 아니에요. 그동안 못 잔 거 다 잔다 생각하고 잠이 오면 그냥 자고 깨면 깨는 대로 있어 봐요. 일단 약은 잠이 덜 오는 약을 처방했으니 경과를 좀 봅시다."

잠을 더 자야 한다는 그의 말에 나의 현재 위치를 깨닫게 되었다. 정상인들과 다른 나의 상태. 그렇기에 병가와 휴직까지 하게 된 게 아닌가. 고작 일주일 만에 내 상태를 건강한 사람들을 기준으로 생각한 것이다.

그동안 내가 내 몸의 주인이라는 이유로 얼마나 많은 것을 용인했는가. 수많은 선택으로 현재 상태에 이르렀으니 이제는 다른 선택을 해야 했다. 의사 선생님 말씀이 맞았다. 그동안의 나를 생각해 보면 나는 더 자야 했다. 의도했든 의도하지 않았든, 잠을 자지 않은 대가를 치러야 했다.

그날부터 '쓸모'라는 단어를 머릿속에서 지우고 마음 놓고 잤다. 열 시간이고 스무 시간이고 그냥 잤다. 그렇게 조금씩 수면의 빚을 갚아 나갔다. 바꾼 약도 몸에서 편히 작용하는 듯했고, 서서히 수면 시간이 정상인 범위로 돌아왔다.

휴식의 본질은 '편안함'이다

그런데 깨어 있는 시간이 늘어나자 지루함이 밀려왔다. 오랜 시간 그랬듯이 나의 뇌는 여전히 생산적인 일거리를 찾아 헤매었다. 시간 활용을 잘해야 한다는 강박에서 벗어나려면 가벼운 즐길 거리가 필요했다. 하지만 필요한 일이 아닌 단순한 즐거움에 몰입하는 것 자체가 어색하게 느껴져 지속하기가 어려웠다.

어느 날 심리상담실에서 이런 고민을 털어놓자, 상담 선생님은 강박적 동기와 순수한 동기를 구별하는 법을 알려 주었다.

"제가 잘 쉬어야 한다는 건 이제 알겠는데요, 뭘 하면서 쉬어야 할지 모르겠어요. 제가 뭘 하고 싶은지도 잘 모르겠고요. 뭔가 떠오르면 그게 진짜 하고 싶어서 하는 일인지, 아니면 영어 공부같이 필요한 거라서 하고 싶은 건지, 구분이 잘 안 돼요."

"안 해도 별 지장이 없는 거, 안 해도 아무런 걱정이 안 되는 게 그냥 순수하게 하고 싶은 거예요."

"아…. 그렇네요!"

"음, 드라마를 보세요. 추천해 주고 싶은 게 있어요. 대신 하루에 최대 두 편까지만 봐요."

"오! 좋아요."

다큐멘터리나 책 위주로 시간을 보내던 나는 그날부터 남편과 함께 드라마를 보기 시작했다. 추천받은 드라마는 몰입해서 보기 좋은 재밌는 드라마였고, 보면서 종종 깔깔대며 웃기도 했다. 그리고 드라마가 끝날 무렵, 휴식을 제대로 즐기기 시작했다.

특별히 무언가를 하지 않아도 된다는 감정, 걱정이 없는 상태. 휴식의 본질은 '편안함'이었다. 강박을 오래 안고 있던 사람들은 나처럼 그토록 원하던 휴식의 시간이 주어져도 온전히 휴식을 즐기지 못하는 딜레마에 빠진다. 처음엔 며칠 푹 쉬는 것 같다가도 시간이 좀 지나면 곧 불안해진다. 쉬는 것에 대한 내적 저항 때문이다.

당신이 쉬지 않고 열심히 일만 하며 살던 때에도 삶의 목적지는 있었을 것이다. 우리는 일을 왜 하는가? 단순히 '해야 하니까' 혹은 '돈 벌기 위해'라는 이유 이전에 뭔가가 있을 것이다. 먹고살기 위해 돈이 필요하더라도, 결국 목적지는 그 돈으로 건강하고 행복하게 살기 위함이 아니겠는가.

어느 순간 우리는 불안감을 동력 삼아 무작정 속도를 내고 있다. 불안감이 원동력인 것도 슬픈데, 먹고살기 위해선 어쩔 수 없다고 한다. 하지만 경제적으로 넉넉하다고 해서 건강과 행복이 절로 얻어지진 않는다. 쉴 시간을 확보하지 않다가 열심히 벌어들인 돈을 병원비에 죄다 쏟아붓게 된 사람들도 많다.

'나는 지쳤다'라는 사실 인정하기

앞에서 언급했듯 신체가 만성 불균형 상태가 되면 다시 균형을 회복하기가 쉽지 않다. 우울한 뇌를 바꾸고자 휴식의 길로 접어들었다면 먼저 지친 내 모습을 인정해야 한다. 생산적인 뭔가를 '해야 한다'라는 강박과 불안함을 떨쳐내야 '진짜' 휴식을 즐길 수 있다.

몸이 필요로 하는 것을 적정선으로 돌려놓지 않으면 곧 다시 대가를 치를 수밖에 없다. 영양 불균형이 생기면 적절한 식습관으로 부족한 영양소를 계속 공급해야 하고, 수면에 빚을 졌다면 잠을 충분히 자서 그 빚을 갚아야 한다.

'사람 일이란 게 그렇게 마음대로 되나.'

이렇게 생각할지 모르겠다. 언젠가의 나처럼. 가속 페달만을 강요하는 사회에서 브레이크를 밟을 권리를 얻고자 투쟁하기란 쉽지 않으니까. 하지만 당신의 그 자동화된 생각을 재고하길 바란다. '쉼'은 투쟁해서 얻는 것도, 준비된 자의 것도 아니기 때문이다.

쉼은 매 순간 이뤄질 수 있다. 간단히 할 수 있는 세 가지 정도만 실천해 보자. 내가 추천하는 세 가지는 이렇다.

'물 마시기, 화장실 다녀오기, 스트레칭'

다들 바빠서 못 쉰다고 하지만 대부분 업무에 과몰입되어 있거나 마음의 여유가 없어서 그렇다. 휴식을 누릴 기회들을 찾아보면 반드시 멈출 수 있는 틈이 있다.

쉼에 대한 내적 저항은 뭔가를 '해야 한다'라는 강박에서 비롯된다. 당장 그 강박을 내려놓을 수 없다면 지금 해야 할 일을 간단히 할 수 있는 업무로 바꿔보는 방법도 좋다.

그저 우리 자신에게 마음이 '편하다'라고 느낄 수 있는 시간을 만들어 주자. 잠깐이면 된다. 잠깐의 주의 환기, 잠깐의 전화통화, 잠깐의 차 한잔, 잠깐의 농담, 잠깐의 깔깔거림, 잠깐의 편안함을 가질 때 우리 몸과 마음은 균형을 되찾는다.

리셋, 다시 나로 살고 싶은 당신에게

[02]

우리에게는
완벽한 낮과 밤이 필요하다

회사에서 플랫폼 기획과 UX 디자인을 담당했던 나는 화면을 보는 시간이 무척 긴 편이었다. 온종일 야근을 하고 집에 들어와서도 화면을 뚫어지게 보는 날이 많았다. 업무에 과도하게 몰입하는 성격도 한몫한 듯했다. 그래서 번아웃과 공황장애로 정신적 탈진을 경험하고 나서는 한동안 '디지털 디톡스' 기간을 가져야 했다. 수면장애라는 난제를 해결하기 위함이었다.

디지털 디톡스 기간에는 수면장애가 개선될 때까지 컴퓨터, 스마트폰 같은 전자기기 사용을 최대한 줄여야 한다. 스마트폰의 '스크린 타임' 기능이나 앱을 이용해 하루 한 시간 이내로 사용 시간을 제한하고, 생필품 주문이나 검색 등 꼭 필요할 때만 쓴다.

특히 잠들기 한두 시간 전에 화면을 보지 않는 게 중요하다. 이런 노력을 하다 보면 자연스레 화면을 응시하는 시간이 하루 평균 50분 내로 줄게 된다. 온종일 화면을 보던 사람이 갑자기 스마트폰을 안 보면 뭘 해야 하나 싶지만, 막상 해 보니 그리 어렵지 않았다.

빛을 모두 소비해야 진짜 밤이 찾아온다

디지털 자극을 통제한다고 해서 곧바로 잠이 오지는 않았다. 당시 내 머릿속은 신경계의 이상으로 '교감신경계가 미쳐 날뛰는' 상황이었다. 안정을 취해야 하는 밤에도 몸이 계속 '위기' 상태로 느끼니 피곤해도 계속 깨어 있게 된다.

이런 경우 의사들은 뇌의 중추신경계를 억제하는 신경안정제나 수면유도제를 써서 수면 시간을 늘리게 한다. 나 역시 한동안은 중추신경 억제제 중 하나인 '데파스' 같은 약에 의지해야 했다. 미드나 영화 속 등장인물들이 불안한 순간 복용하는 '자낙스'도 같은 계열의 약이다. 이런 약물들은 불면 치료뿐 아니라 수술 전 환자를 재우기 위해서도 사용된다.

이런 약들을 먹으면 한 시간 이내에 잠들 수 있다. 하지만 복용 후 다양한 부작용이 나타날 수 있는데 주로 기억력 감퇴나 인지기능 장애 같은 증상이다. 나의 경우 잠을 잘 자더라도 다음날 머리가 무겁고 말이 어눌하게 나오는 느낌이 썩 좋지 않았다. 자주 사용하던 단어나 이름 등이 잘 떠오르지 않기도 했다.

'아, 계속 이렇게 약을 먹어도 되는 걸까? 이러다 바보가 되어버리는 게 아닐까.'

나는 정신병동에서 약을 먹고 온종일 잠을 자는 사람들을 떠올렸다. 그 생각을 하고 나니 약 먹기가 꺼려졌다. 그날 밤 약간의 무모함을 발휘해 약 없이 잠들기를 시도했고, 결국 뜬눈으로 밤을 지새우다 병원 예약시간에 맞춰 일어났다.

"좀 어떠셨나요?"

"어제 약을 좀 끊고 싶어서 '데파스'를 안 먹고 자 봤는데요, 잠이 아예 안 오더라고요. 밤새 심장이 쿵쿵 뛰고 잠이 안 와서 미치는 줄 알았어요."

내 말을 들은 의사 선생님이 한숨을 쉬었다.

"아휴, 약을 그렇게 상의도 없이 끊으면 어떡해요? 약을 끊으려면 반 알, 반의반 알, 이런 식으로 줄여가야 해요. 몸이 적응을 못 한 상태로 갑자기 약을 안 먹게 되면 지금까지 노력한

게 소용없게 될 수도 있어요."

나는 이런 의사 선생님의 이야기를 듣고 스스로의 성급함과 무지를 책망했다.

나는 몇 달에 걸쳐 서서히 신경안정제를 끊었다. 몇 달간 공황발작이나 불안 증세가 없었고 우울증도 많이 좋아진 상태라 이후부터는 멜라토닌 생성을 돕는 약만을 먹었다.

우리 몸에는 낮인지 밤인지를 감지하는 생체주기 호르몬이 있는데, 이것이 '멜라토닌'이다. 밤엔 자연스럽게 잠이 들고 아침에 깨기 위해서는 이 호르몬이 적당히 분비되어야 하는데, 수면에 문제가 있는 사람들은 이 멜라토닌 호르몬이 제대로 분비되지 않는다.

"이제는 낮에 적당히 빛을 보면서 몸이 피곤해질 정도로 움직여 보세요. 밤에는 명상하는 게 도움이 될 거예요."

치료 초반에 잠을 많이 자야 한다고 이야기했던 의사 선생님은 몸을 규칙적으로 움직이라고 했다. 그가 그렇게 이야기한 데에는 이유가 있었다.

우리 몸의 생체주기는 빛에 영향받는데, 빛을 너무 적게 봐도 안 좋고 빛을 너무 많이 봐도 안 좋다고 한다. 햇빛을 너무 적게 보면 햇빛을 통해 생성되는 비타민D가 부족해지고, 이로 인해 멜라토닌 기능이 떨어져 불면증이 생길 수 있다. 반대로 밤 늦게까지 인공적인 빛을 보는 것도 불면증의 원인이 된다.

사실 밤에는 단순히 빛 자체가 아니라 '빛의 소비'가 중요 하다. 우리 몸의 생체시계는 낮 동안 받은 빛을 다 소비해야 밤 으로 감지하는데, 너무 늦게까지 빛을 받고 있으면 몸은 아직 밤이 아니라도 생각하고 잘 시간을 늦추게 된다.

생체시계에 온전한 낮과 밤 들여놓기

우리 몸의 생체주기를 정상으로 돌리는 방법은 밤을 최대 한 밤답게 보내는 것이다. 저녁이 되면 실내 조도를 낮추어 몸 이 어둠을 감지하도록 해야 한다. 나는 뭐든 읽는 것을 좋아해 '활자 중독'이라는 별명까지 가졌지만 밤에는 최대한 책 읽기 를 자제했다. 책을 보려면 조도를 어느 수준까지는 높여야 하 기 때문이었다.

나는 특히 스마트폰을 보지 않으려 노력했다. 한 연구에 의하 면 밤에 전자기기의 푸른 빛을 두 시간 이상 보면 멜라토닌이 생성되지 않거나 생성이 늦춰진다고 한다. 또 어떤 동물 실험 결과에 따르면 푸른 빛이 우울증 증상과도 관련이 있었다. 많은 전문가가 밤에 스마트폰을 멀리하라고 하는 이유다.

나는 의사 선생님의 조언을 시작으로, 차츰 생체주기 회복을 위한 노력을 해 나갔다. 낮에는 밖에서 두 시간 이상 움직이고 밤에는 명상 오디오를 들은 후 잠자리에 들었다.

종종 잠이 오지 않더라도 스마트폰을 보지 않으려 애썼다. 실시간 알고리즘으로 추천된 재미난 콘텐츠들이 나를 기다린다는 것도 알고, 마음만 먹으면 실컷 웹서핑을 즐길 수도 있었다. 하지만 나에게는 밤새 재미를 즐기는 것보다 정상적인 생활을 하는 것이 더 중요했다.

이미 엉망이 되어 버린 일과에 규칙적인 습관을 만들기는 어려웠다. 내가 그리 계획적인 성격도 아닌 데다 휴직 이후부터는 즉흥적인 기분에 의존하며 지냈기 때문이다.

하지만 그 무렵 삶의 '루틴'을 가지는 데에 대한 절실함이 있었다. 당장 스마트폰을 보는 것보다 나의 생체시계에 명확한 낮과 밤을 들여놓는 일이 중요했다. 남들 잘 때 잠이 들고, 아침에 자연스럽게 눈이 떠지는 것. '그저 평범한 하루를 보내는 것'이 나에게는 크나큰 목표이자 바람이었다.

얼마간의 노력 끝에 밤에 서서히 잠이 오기 시작했다. 그리고 다음 날 아침에 기분 좋게 눈 뜨는 순간을 맞이할 수 있었다.

밤에 잠들고 아침에 일어나기. 너무나 당연해 보이는 일상이 내게는 꽤 오랫동안 부재해 있었음을 깨달았다. 나는 필사적으로 생체주기를 지키려는 노력을 이어갔다. 길고 긴 불면의 밤들, 악몽과 공황발작, 그동안 복용해온 약들. 다시는 그런 삶으로 돌아가고 싶지 않았다.

"선생님, 아침에 나가서 운동하고 밤에 명상했더니 약을 안 먹고도 잘 잠들었고요, 여덟 시에 자연스럽게 눈이 떠졌어요!"
"축하해요! 이제 그 리듬을 잘 유지해 나가면 되겠네요."
"네, 햇빛 보려고 매일 아침 밖에서 조깅을 하는 게 도움이 된 것 같아요. 머리가 맑은 게 너무 오랜만이라…"

우리에게 낮과 밤은 우리의 생각 이상으로 중요하다. 불면증이 있다면 약에만 의존하지 말고 낮과 밤을 명확하게 구분하는 삶의 패턴을 만들어 보자. 무엇보다 머리맡의 스마트폰을 보기 전에 이 사실을 떠올려야 한다.
'빛을 다 '소비'해야 잠이 온다는 사실을!'

[03]

잘 먹는 것은
나에 대한 의무이자 책임이다

우리 몸은 스스로 관리되는 야생의 자연과 같다. 충분한 빛과 물, 영양분이 공급되면 알아서 순환되는 '체계'를 가졌다. 별 탈 없이 태어났다면 대부분 부모님의 보살핌 속에서 이 야생의 체계를 잘 가꾸며 성장한다. 어른이 되고, 각자의 삶을 살아간다. 스스로 몸을 관리하고, 스스로 영양분을 공급한다. 보통 이런 체계는 죽을 때까지 유지되지만, 누구나 그렇지는 않다. 백 세까지 잘 유지되는 몸이 있는가 하면, 부지런한 관리가 없으면 쉽게 망가지는 몸이 있다.

리셋, 다시 나로 살고 싶은 당신에게

모자라지도 넘치지도 않게

'결핍과 과잉', 몸의 균형을 말할 때 이 단어들을 빼고는 설명하기 어렵다. 알아서 관리되는 자연의 체계를 지금껏 잘 보존하고 있는 사람들은 모자람이나 넘침이 없다. 좋은 식습관, 적당한 움직임, 생체시계에 부합되는 생활로 균형이 잘 유지된다.

균형이 잘 유지되니 몸의 생태계는 별 탈 없이 잘 돌아간다. 충분한 에너지가 몸에 골고루 퍼져 마음의 무게 중심도 잘 잡을 수 있다.

몸과 마음의 신호를 잘 알아차리는 이들은 나이가 들어서도 '항상성'을 유지한다. 몸과 마음 건강에 대해 크게 걱정할 일이 없는 사람들이다. 주변에 혹시 이런 사람이 있는가? 규칙적으로 생활하고, 적당하게 일하고, 잘 자고, 건강하게 먹는 사람. 만일 당신이 이런 사람이라면 이 내용은 건너뛰어도 좋다.

하지만 당신이 매일 어딘가가 아프거나 식욕이 없는 사람이라면 몸의 균형이 무너져 있을 가능성이 크다. 생체 리듬을 포함해 영양소의 결핍 혹은 과잉된 무언가가 당신을 괴롭히고 있을 것이다. 무엇보다, 어느 순간 자리한 '무기력'이 스스로를 돌보지 않도록 했을 것이다.

병가를 내기 전, 내 몸 상태는 처참했다. 사라진 근육, 탄력을 잃은 피부, 온몸에 덕지덕지 붙은 통증을 인식했을 때는 많은 것이 무너진 후였다. 건강한 편이던 나도 어느 순간 스스로에 관한 관심을 놓아 버렸음을 깨달았다.

나는 가끔 잔병치레하긴 했어도 나름 균형 잡힌 몸을 유지하고 있었다. 특별히 좋아하는 음식이나 싫어하는 음식 없이 소량씩 먹었고, 인스턴트 음식이나 달달한 음료를 좋아하지도 않았다. 스트레스를 먹는 것으로 푸는 타입도 아니었다. 자연을 좋아해 주말에도 몸을 자주 움직이는 편에 속했다.

그랬던 내가 병원에서 영양실조 진단을 받게 될 줄은 몰랐다.

"전반적으로 영양 상태가 안 좋아요. 비타민D는 결핍이에요. 아예 없는 수준이고요."

식음을 전폐하고 잠만 자는 생활이 반복되자 몸은 심각한 불균형 상태에 놓였다. 약을 처방하기 위해 병원에서 혈액검사를 했는데 여러 영양소가 결핍된 상태로 나타났다.

줄곧 변동이 거의 없던 몸무게가 6킬로 이상 줄어 저체중이 되었다. 머리카락이나 손톱 등 몸을 유지하던 부위들이 갈라지고 푸석푸석해지고, 기운이 없었다. 먹지 않았으니 당연한 일이었다.

심리상담 선생님은 점점 야위어 가는 나를 걱정하며 말했다.

"잘 먹어야 해요. 지금 너무 야위었어요."

"그런데 약 때문인지 입맛이 통 없네요."

"식욕이 떨어진 건 이해해요. 하지만 그것과는 상관없이 잘 먹어야 해요. 그래야 약도 잘 기능하죠. 잘 먹는 것은 스스로에 대한 책임이자 의무예요."

그녀가 사용한 '책임과 의무'라는 단어에, 정신과 진료 시 의사 선생님이 사용했던 '자기 파괴'란 단어가 겹쳐졌다. 자기 파괴. 나는 나 자신에게 영양분을 공급할 책임과 의무를 다하지 않음으로써, 또 다른 자기 파괴를 하고 있었다.

스트레스와 번아웃 예방에 도움이 되는 영양소

나는 혈액 검사 후에 받은 종합 소견서를 보며 생각했다.

'그래, 내 영양 상태가 심각한 건 수치로 알겠어. 그런데 제대로 안 먹으면 실제로 어떤 일이 일어나는 걸까?'

언제나 이유를 명확히 알아야 직성이 풀리는 나로서는 스스로 저버린 책임과 의무가 얼마나 큰 것인지 대해 면밀히 알아야 했다. 열심히 인터넷과 책을 뒤져서 영양소에 대해 자세히 알아보니 현재 내가 앓고 있는 증상과도 연결고리가 있었다.

보통 몸에 영양분이 부족하면 그 결핍을 해소하기 위해 특정 성분이 많이 들어있는 음식이 먹고 싶어진다. 그런데도 식욕 자체가 일어나지 않는다면, 이런 경우는 대부분 음식을 '더' 든든하게 먹어야 한다는 신호로 봐야 한다. 식욕이 없다고 식사를 거르게 되면 각종 영양소의 결핍으로 번아웃와 우울증을 부추길 수 있기 때문이다.

잦은 음주와 특정 약물의 복용도 영양소의 흡수를 방해한다. 특히 식사를 거르면서 음주를 하는 일이 잦으면 우울증에 걸릴 확률이 커진다고 한다.

우울증 환자에게는 '엽산'이 부족한 경우가 많다. 엽산이 부족하면 피로감과 더불어 식욕이 없어지고, 신경증(불안증이나 공황)을 유발할 수 있기 때문이다. 그렇기에 엽산은 공황장애나 우울증이 있는 사람에게는 꼭 챙겨야 할 영양소다. 참고로 비타민B9으로도 불리는 엽산은 소고기, 닭고기, 시금치, 양배추, 오렌지, 딸기, 키위 등에 들어있다.

'아연'의 결핍도 심한 감정 기복, 무력감, 우울증을 유발할 수 있다. 아연은 주로 통곡물, 육류, 굴이나 조개 같은 해산물에 들어있는데, 생존에 꼭 필요한 필수 영양소는 아니지만 몸의 면역과 성장 발달에 중요한 영양소다.

서구화된 식단에는 대부분 아연이 포함되어 있다. 하지만 육류를 섭취하지 않는 채식주의자들에게는 아연뿐 아니라 비타민B 군 등 다른 영양소의 불균형이 나타나기 쉽다. 되도록 골고루 먹으면 좋겠지만 신념상 채식을 해야겠다면, 옥수수나 콩 등에서 아연을 섭취할 수 있다.

남들보다 신경이 예민한 사람들은 몸이 더 자주 긴장하므로 '오메가3 지방산'과 '마그네슘'이라는 두 가지 영양소를 챙겨 먹는 것이 좋다.

오메가3 지방산은 신경 세포의 막을 구성하는 요소로 사용되어 신경증에 영향을 준다. 불안이 많은 나의 경우 이 영양소가 중요해 보였다.

마그네슘은 근육 피로에 좋다. 스트레스를 많이 받으면 마그네슘이 급격히 저하되는데, 이로 인해 몸이 피로해지고 근육이 굳는다. 에너지를 회복하고 활기를 찾고자 한다면 마그네슘이 포함된 음식을 보충하면 좋다.

만성 피로와 스트레스에는 단연코 '비타민C'가 최고다. '항스트레스' 비타민이라고도 불리는 비타민C는 '부신'의 기능을 지켜 준다.

부신은 신장 위에 있는 기관으로, 생존에 필요한 호르몬들을 분비한다. 하지만 과도한 스트레스를 받으면 부신도 지쳐 버리는데, 부신이 제대로 기능하지 못하면 기운이 없어지고 식욕 감퇴, 피로, 위장 장애, 체중 감소, 저혈당, 탈모, 몸살 등이 나타날 수 있다.

전문가들은 무기력과 우울증에 시달리는 환자에게 1,000mg 이상의 고용량 비타민C를 단기간 복용해 볼 것을 권한다. 다만 영양소는 약보단 음식으로 섭취하는 편이 더 좋다. 예를 들면 개당 200~300mg의 비타민C가 들어있는 붉은 파프리카를 수시로 먹어주면 좋다.

'골고루 잘 먹기'라는 상식 지키기

　"골고루 잘 먹어야 착한 어린이지?"

어렸을 때 우리는 골고루 먹어야 했다. 부모님의 요리 솜씨를 떠나, 입맛이 있건 없건 말이다. 집에서도 유치원에서도 차려진 음식을 골고루 꼭꼭 씹어 먹도록 배웠다. 그것이 '기본'이었고 사랑이었다.

어쩌면 나 역시 '골고루 잘 먹기'라는 상식을 잃어버린 까닭에 자신을 파괴하는 선택에 이르게 되었을까. 혹은 반대로, 우울증이 아니었다면 몸의 생태계를 계속 잘 유지할 수 있었을까. 둘 다 맞는 이야기일 것이다. 몸과 마음은 하나로 연결되어 있으니까 말이다.

　나는 몸이 안 좋고 우울할 때면 어릴 때 엄마가 차려준 밥상을 떠올려 본다. 외할머니와 이모들, 주변의 어른들과 함께 먹은 밥상을 떠올린다. 맛깔나는 김치와 김이 모락모락 나는 쌀밥을 생각한다. 그러면 뭐든 잘 먹고 싶어진다. 그들의 사랑과 노력으로 만들어진 내 몸의 생태계를 잘 돌보고 싶어진다. 제대로 한 끼 차려 먹고 싶어진다.

하지만 그런데도 다 귀찮을 때가 있다. 그럴 때는 볼에 고기, 과일, 채소, 견과류를 던져 넣고 샐러드를 만들어 먹는다. 아삭아삭, 질겅질겅, 고민 없이 씹다 보면 힘을 내고픈 마음이 생긴다. 그리고 어느덧 힘이 난다.

[04]

자연은 어떤 약보다도
치유력이 강하다

'어떻게 저렇게 금방 잠이 들지?'

때론 2초도 길다고 여겨질 정도로 금세 잠이 드는 사람이 있다. 그는 자기로 마음먹은 순간 곧바로 의식을 놓고 완전한 휴식에 들어선다. 그에게 잠이란 지극히 자연스러운 것으로, 잠에 대한 부담감이나 두려움 같은 건 생각해 본 적이 없다고 한다. 나는 그와 함께 살고 있다. 말하자면, 그는 나의 남편이다.

나는 서글서글한 인상에 나른한 목소리로 조곤조곤 이야기하는 그를 예민하다고 생각해 본 적이 없었다. 잠을 잘 자기도 했고, 특별히 짜증 내는 일도 없었으니까.

하지만 시간이 흘러 그도 나처럼 민감한 사람이라는 사실을 알게 되었다. 겉으로 드러내는 방식이 달랐을 뿐, 그는 감각이 예민한 사람에 속했다.

야근이 많았지만, 그는 자기 일을 좋아했다. 인공지능 로봇을 연구하는 그는 종종 주말에도 연구실에 종일 틀어박혀 일에 푹 빠졌다. 나는 그런 그의 호기심과 열정을 사랑했다. 하지만 결혼하고 나서 얼마 후에 연구소장이 새로 부임해 오면서 그는 정신적으로 매우 힘들어하기 시작했다. 새로 부임한 소장은 기존과 180도 다른 방식의 경영을 펼쳤다. 자연스레 그가 줄곧 해 오던 일도 달라졌다.

그는 달라진 방식에 쉽게 적응하지 못했다. 전과 같은 열정을 가지지 못한 채 쫓기듯 야근과 주말 근무를 반복했다. 그렇게 한 달, 두 달, 일 년이 지났다. 그의 신경을 곤두세우던 일들이 장기화하고 있었다.

어느새 그에게 가슴을 꽉 짓누르는 듯한 통증이 생겼다. 하지만 병원에서 검사를 받으면 아무 이상이 없다고 했다. 정신과 전문의를 찾은 그는 번아웃 진단을 받았다. 업무 중에 심장이 쿵쿵 뛰고 몸이 차가워지는 가벼운 공황 증세도 있었다. 그토록 잠을 잘 자던 그가 쉽게 잠을 이루지 못하고 뒤척였다. 잠이 들더라도 새벽에 자주 깼다. 무엇보다 그는 많이 지쳐 있었다. 늦은 시간 회사에서 돌아오면 씻고 곧장 자는 생활이 반복되었다.

그의 행동으로 그의 생각을 어느 정도 읽을 수 있었지만 뭔가를 권하기가 조심스러워졌다.

•▬•▬•▬•

그의 모습은 흡사 과거의 나를 보는 듯했다. 무기력한 걸음걸이와 멍한 얼굴에선 삶의 활기를 찾아볼 수 없었다. 그가 좋아할 만한 뭔가를 권하며 한번 해 보면 어떻겠냐고 물어보면 쉽게 답하지 못했다.

"나도 내가 뭘 원하는지 모르겠어요."

언제나 내 의견에 잘 따라주었던 그는 종종 대화를 피하며 방으로 들어갔다. 평소에도 말을 그리 많이 하는 사람이 아니었지만, 유난히 더 조용해졌다.

무엇을 원하는지 모르겠다는 그에게는 시간이 필요했다. 자신의 많은 것을 내주다 결국엔 결핍되어 버린 무언가를 채울 시간. 얼마간의 시간이 필요할지는 알 수 없었지만, 한 가지만은 확실했다. 그가 에너지를 회복해야 한다는 것이었다.

그가 활기를 잃은 데는 회사 업무 말고도 다른 이유가 있었다. 코로나 팬데믹 이후 그의 회사 생활은 많은 부분에서 제한 받고 있었다. 탁구 게임을 하거나 간단한 오락거리를 즐길 수 있었던 휴게실이 폐쇄되고, 회식은 금지였다.

삼삼오오 모여 식사하던 사내 식당에서는 서로 간격을 유지하며 따로 앉아 식사해야 했다. 동료들과 가벼운 대화를 나누며 보내던 휴식 시간은 혼자 잠시 나가 있다가 복귀하는 것으로 대체되었다. 점심시간이 끝나고 자리에 앉으면 종일 KF94 마스크로 코와 입을 막고 밤 열 시가 넘는 시간까지 일했다.

그저 '햇볕'을 받으며 걷는 것만으로

그의 회사 생활을 상상하니 우울하지 않은 것이 오히려 이상하게 여겨졌다. 즐거움, 만족감, 활력을 줄 만한 것들이 그와 전혀 연결되어 있지 않은 듯했다.

"점심에 잠시라도 밖으로 나가 봐요. 당신도 알다시피 햇볕을 쬐는 게 저에게는 엄청나게 효과가 있었어요."

그해에 나는 햇볕의 중요성을 온몸으로 체감하고 있었다. 의사 선생님의 권유로 매일 산책하기 시작하면서 몸이 급격히 호전되었기 때문이다. 주로 오전 열 시쯤 산책을 하러 나가 한 시간쯤 걷고 들어왔다. 컨디션이 좋으면 가볍게 조깅을 하거나 산을 오르며 땀을 흘리는 날도 있었다.

서울 한복판에 자리했던 우리 집 뒤에는 조그마한 야산이 있었다. 밖을 나서자마자 곧바로 숲을 걸을 수 있다는 사실은 고마운 일이었다.

연둣빛 잎사귀들이 겹쳐진 틈으로 반짝이는 햇살, 하늘을 향해 쭉쭉 뻗은 나무들. 겨울이 지나 잎이 돋아나고 있던 숲은 생명력이 넘쳐 흘렀다. 천천히 숨을 들이쉬고 내쉬면 코로 은은한 숲의 향기가 전해졌다. 매일 숲을 걷고 있으면 누군가의 목소리가 들리는 것 같았다. '너는 아프지 않아. 너는 건강해. 너는 행복해. 너는 그렇게 살 가치가 있어'라고.

언젠가 어떤 다큐멘터리에서 숲에 들어가 자연식을 먹으며 암을 이겨낸 사람들을 본 적이 있다. 고통 끝에 내린 그들의 선택을 그땐 이해하지 못했다. 하지만 매일 뒷산을 오르면서 자연이 주는 치유력을 믿게 되었다. 그들은 약물과 방사선치료 대신 자연을 택한 것이었다.

나는 매일 걷고 또 걸었다. 걸을수록 온 마음이 희망으로 가득 찼다. 자연에 대한 경외와 감사로 하루를 시작하다 보니 조금씩 활력이 생기기 시작했다. 그리고 마침내 그토록 갈팡질팡하던 몸은 정상적인 리듬을 되찾았다.

리셋, 다시 나로 살고 싶은 당신에게

"선생님, 드디어 마지막 약을 끊었어요. 이제 약 없이도 잘 수 있어요. 열흘 정도 된 것 같아요."

의사 선생님께 자주 꾸중을 듣곤 했던 나는 그 순간 그의 환한 얼굴을 볼 수 있었다.

"아주 잘하셨어요! 이제 완치로 보고, 모든 의료적 치료를 종료해도 되겠습니다. 축하합니다!"

그와 나는 미소지으며 악수를 했고, 치료 시작부터 몇 달간 봐 온 간호사들이 박수를 보내 주었다. 진료실 문밖을 나서자 기쁨의 눈물이 얼굴을 타고 흘렀다. 긴 터널을 빠져나온 듯 홀가분했다.

종종 사람들에게 이야기하곤 한다. 내가 나은 것은 유능한 의사와 심리상담사, 그리고 자연 덕택이라고. 무엇보다 햇빛을 보며 움직이기를 시작하지 않았다면 완치가 늦어졌을 것이다. 햇빛을 받으며 적절한 신체 활동을 할 때 우리 뇌에서는 'BDNF' 라는 단백질이 만들어진다. BDNF(Brain-Derived Neurotrophic Factor) 는 뇌유래신경영양인자, 쉽게 말해 우리 뇌를 생성하는 재료이다. 이 단백질은 뇌의 세포와 세포를 연결하는 작은 가지들, 시냅스를 만드는 데 중요한 역할을 한다. BDNF가 충분하면 기억력, 사고력, 창의력이 좋아진다. 반대로 이것이 결핍되면 번아웃, 식욕 감퇴, 수면장애, 우울증, 강박증, 조현병 등 여러 가지 질병이 나타난다.

자연은 기적처럼 결핍을 채워 준다

완치된 이후에도 내게는 종종 아무것도 하기 싫은 무기력한 날이 찾아왔다. 유난히 눈이 자주 왔던 지난겨울은 햇볕을 쬐며 걷기엔 적당하지 않은 날이 많았다. 그럼에도 두꺼운 양말을 신고, 머플러를 두르고 나가 몸을 움직였다. 기력이 생겨야 움직이는 것이 아니라, 움직이면 기력이 생긴다는 사실을 깨달았기 때문이다.

사람들은 보통 무기력한 상태를 벗어나고 싶은 마음과는 반대로 '가만히 있기'를 택한다. 가만히 쉬는 것 자체는 나쁘지 않다. 하지만 뭘 해도 불만족스럽고, 뭘 해야 할지도 모르겠다면 일단 밖으로 나가 움직이는 게 좋다.

"우리 산책가요."

그런 이유로 주말 아침이 되면 남편과 햇살을 맞으며 나무가 우거진 곳을 향해 걸었다. 공원을 한 바퀴 돌고 오면 그는 금세 땀을 흘리며 기분 좋은 웃음을 보여주었다.

"기분 좋죠? 기력이 없으면 보통 안 움직이고 싶잖아요? 그런데 실은 반대로 해야 한대요. 뇌에 있는 어떤 단백질이 많이 나와서 기분도 좋아지고 생각도 또렷해진대요."

"오, 그렇구나."

평일엔 야근으로 꽉 채우고 주말에는 거의 아무것도 하지 않았던 그는 다행히 조금씩 호전되는 모습을 보였다.
회사 상황은 달라지지 않았다. 그와 상황이 비슷한 동료들이 하나둘씩 회사를 떠나고 있었다. 회사를 생각하면 여전히 답답했지만, 그는 조금씩 회복해 나갔다. 다행히도 그는 숨이 차고 근육에 자극이 느껴질 때, 차오르는 뭔가가 있다는 사실을 알아차린 듯했다.
한두 달 남짓한 시간이 흐르고, 어느 순간 그는 자신만의 결론을 내렸다. 다시 힘들어질지 모르지만 그래도, 돌파구를 찾기 위한 노력을 해 보겠다고 했다. 그는 전보다 활기 있게 움직였고 눈빛도 달라졌다. 전처럼 중간에 깨거나 하지 않고 잠도 잘 잤다.

'빛을 보며 걷기.' 몸에 통증이 있거나 하지 않는다면 조금만 기운을 내서 걸어 보자. 걷기 명상을 하면 더 좋다. 걸을 때 두 발이 지면과 닿는 느낌을 느끼면서 걷는 것이다. 지구 깊숙한 어딘가에서 내 몸을 끌어당기고 있다고 상상해 보자. 두 발은 단단한 땅을 밀어내고 있다.

몸의 느낌에 의식을 집중하는 동안에는 걱정스러운 생각이 들어오지 못하고 흩어진다. 주변을 천천히 의식해 보자. 녹지가 있다면 더할 나위 없이 좋다. 수많은 연구가 밝혀냈듯, 녹지는 온몸으로 에너지를 뿜어 우리가 스스로를 일으킬 수 있도록 돕는다.

막연한 허무함이 밀려올 때, 앞으로가 막막할 때, 고민하고 또 고민해도 좀처럼 답을 찾을 수 없을 때, 그냥 한 번 나가서 걸어 보자. 걷다 보면 조금씩 활기가 더해지고, 억눌려 있던 생각들이 자유롭게 유영하는 것을 느낄 수 있다.

몸의 감각에 집중해 보자. 눈과 피부로 전해지는 햇살을 느껴 보자. 당신에게 무엇이 결핍되어 있든, 더 나아지고 충만해질 것이다.

4장

번아웃 탈출 솔루션 3 :
나도 알 수 없는 내 감정 다루기

[01]

도대체 이 감정을
어찌해야 할까요

미국의 심리학자 에크만은 사람들의 표정을 통해 감정을 다음 여섯 가지로 구분했다.

'공포, 분노, 행복, 혐오, 슬픔, 놀람'

이 중에서 중립의 감정인 놀람을 제외하면 좋은 감정은 '행복'뿐이다. 에크만이 긍정적인 감정을 너무 뭉뚱그려 구분한 걸까? 그런데 우리는 실제로도 일상에서 불쾌한 감정을 표현하는 말을 더 많이 쓴다고 한다.

《인간의 모든 감정》을 쓴 최현석 교수는 그의 저서에서 쾌(快), 불쾌(不快)를 나타내는 감정 단어가 약 3 : 7의 빈도로 쓰이고 있다고 했다. 불쾌한 감정 단어가 훨씬 많이 쓰이는 것을 보면,

리셋, 다시 나로 살고 싶은 당신에게

에크만의 여섯 가지 구분이 지나치지는 않은 듯하다.

억눌린 감정은 기어코 폭발한다

긍정보다는 부정적인 표정과 감정이 더 많이 쓰이고 있는 만큼, 우리는 실제로도 부정적 감정에 더 쉽게 영향을 받는다. 게다가 시간이 지나도 잘 사라지지 않는 것이 감정이다. 강력한 자극을 받고 어떤 감정이 만들어졌다면 우리는 이 감정을 어떤 식으로든 다루어야 한다. 하지만 어떤 감정은 제대로 다룰 새도 없이 폭발해 버린다.

힘든 하루를 보낸 퇴근길이었다.
'우리 딸! 요즘 왜 이렇게 소식이 없어?'
딸의 소식이 궁금했던 엄마의 카톡 메시지를 보고 전화를 걸었다. 그저 안부 묻기로 시작된 이야기가 회사 이야기로 화제가 바뀌며 서서히 과열되고 있었다.
엄마와 통화하면서 자연스레 전철역으로 갔다. 언제나처럼 2호선엔 퇴근하는 사람들로 붐비고 있었다. 보통 때라면 전화를 끊었겠지만, 그날따라 나는 열을 올리며 엄마에게 뭔가를 열심히 말하고 있었다. 그때, 나의 통화 소리를 시끄럽게 여긴

50대가량의 남성이 나를 노려보며 욕을 퍼부었다.

"이런 ××, 되게 시끄럽네. 야! 아예 방송을 해라!"
"뭐라고요? 지금 저한테 얘기하신 거예요?"
나는 전화를 끊고 그 남성에게 쏘아붙였다. 그는 내 반응에 다
소 놀란 듯 사람들을 헤치고 출입문 쪽으로 움직이며 말했다.
"그래요. 그쪽한테 말했어요!"
"그럼 조용히 하라고 말하면 될 것을, 왜 욕을 하세요! 네? 왜
욕을 하냐고요!!"

분노 게이지가 최대로 오른 나의 고성에 그는 아무 대꾸도
하지 않았고, 출입문이 열리자마자 황급히 내렸다. 나는 바로
다음 역에서 내렸다. 나는 내가 공공장소에서 그토록 크게 소
리 지르는 상황을 상상조차 해 보지 못했다.
보통 때라면 버스로 갈아탔겠지만 더는 퇴근길의 사람들을 마
주할 자신이 없어 두 정거장을 그냥 걸었다. 요동치던 분노가
얼마 지나지 않아 가라앉았다. 그리고 곧 주체할 수 없는 슬픔
이 밀려왔다.
'지긋지긋해! 다 너무 지긋지긋해!'
출처를 알 수 없는 눈물이 쉴 새 없이 흘렀다. 눈물은 새벽 두
시가 되어서야 멈췄다.

갇혀 버린 감정은 어떻게든 비워내야 한다

　얼마 후 찾아간 심리상담실에서 전철에서의 일화를 이야기했다.

"선생님, 어느 순간부터 감정 조절이 잘 안 돼요. 시도 때도 없이 분노, 슬픔 같은 감정이 그냥 마구 쏟아져 나와요. 그날 왜 그렇게 많이 울었는지도 잘 모르겠어요. 그 감정이 슬픔이 맞는지도 잘 모르겠어요."

그녀는 감정을 컵에 든 물에 비유하며 말했다.

"컵에 물이 가득 차 있는 상태에서는 물을 한두 방울만 떨어뜨려도 넘쳐 흐르죠. 당신은 이미 여기까지 가득 찬 상태인 것 같아요. 그러니 작은 것 하나에도 넘치는 거죠…. 지금 많이 힘들다는 뜻이에요."

　그동안 나도 모르게 많은 감정들이 억눌려 있었다는 사실을 알게 되었다. 감정을 잘 인식하고 곧바로 대응하지 못한 결과였다. 성숙한 모습을 보이고 싶다는 나의 욕망이 스스로에게 점점 더 큰 짐을 지우고 있었다.

적절히 해소되어야 할 감정이 눈덩이처럼 커졌고, 괜찮음을 연기하는 데서 오는 피로감이 감당키 힘든 수준에 이르러 있었다. 분노든, 슬픔이든 넘치게 해서라도 비워내야만 했다.

"때론 슬픔이란 감정도 필요해요. 사람들은 보통 그런 감정을 느끼는 것 자체를 나쁘다고 생각하는데, 사람이 매 순간 기뻐야 행복한 걸까요?"

"음… 그것도 좀 이상하네요. 억지스럽네요."

"우울할 땐 마음껏 우울해 보는 것도 괜찮아요. 억지로 감정을 바꿀 필요는 없어요. 때론 그런 감정에서 얻는 게 생기기도 하죠."

우리는 부정적인 감정에 잘 휘둘리는 만큼 그 감정을 억제하려 한다. 하지만 슬픔, 분노, 두려움 같은 감정이 없다고 해서 삶이 언제나 자유롭지는 않다.

우리 감정에는 우리가 알아야 할 정보가 담겨 있다. 때때로 우리는 감정을 느끼고 바라봄으로써 감정이 의미하는 바를 알게 된다. '두려움'은 위험으로부터 자신을 보호해야 한다는 신호이고, '행복감'은 긍정적 경험과 삶에 대한 태도를 생각하게 한다. '분노'는 이면에 감춰둔 자신의 아킬레스건을 들여다보게 하며, '모멸감'은 낮은 자존감을 돌아보게 한다.

나는 시간이 지나고 나서야 전철역에서부터 시작된 눈물의 의미를 깨달았다. 그리고 나에게 욕을 했던 그 남성에게 고마움을 느꼈다. 그가 쏟아낸 말은 거칠었지만, 결과적으로는 그가 나에게 감정의 댐을 무너뜨리는 계기를 제공해준 셈이었다. 그날의 눈물은 여러 의미를 담고 있었다. 원치 않는 것을 강요하는 대상에 대한 혐오, 원치 않는 것에 'No'라고 말하지 못했던 자신에 대한 분노, 괴로움에서 벗어나는 법을 몰라서 느꼈던 무력감, 다가올 미래에 대한 두려움.

눌러 담고 꼭꼭 자물쇠를 걸어 두어도 감정은 결국 예기치 못한 방식으로 쏟아져 나온다. 감정의 홍수가 한바탕 휩쓸고 가면 얼마간은 후유증이 남기도 한다. 하지만 대개는 별문제 없이 살아간다. 그러니 애당초 '봉인'할 필요는 없어 보인다. 지나가는 감정을 애써 부여잡고 씨름할 필요도.

[02]

내면의 부정적 감정
알아차리기

사내 메신저에서 두 사람이 대화한다. 나는 키보드 소음에 예민한 편이지만, 이때만큼은 분노에 차서 누구보다 요란하게 키보드를 두드렸다.

나: 도대체 언제까지 참을 수 있을지 저도 가늠하기 어렵네요. 그냥 다 놓고 관두고 싶은 마음이네요.

최 과장: 에고…. 김 과장이 나가면 우린 어떡해. 그리고 지금까지 애쓴 게 너무 아깝지 않아?”

나: 휴, 답답하네요. 참.

최 과장: 저녁에 시간 어때? 이따가 한잔 할까?

리셋, 다시 나로 살고 싶은 당신에게

나: 마음은 굴뚝 같지만, 내일 오전 7시부터 미팅이 있어서 그거 준비해야 해요.

최 과장: 어휴, 누가 그 시간에 회의를 잡았어? 너무 한다, 진짜. 그래서 오늘도 야근이야? ㅠㅠ

나는 늘 야근이다 보니 동료들과 신세 한탄하며 술 한잔 마실 새가 없었다. 어쩌다 가끔 저녁 시간이 비면, 이번에는 동료들이 야근이거나 자신들의 가정사로 바빴다. 친구처럼 이야기를 들어주는 남편은 자정이 다 된 시간까지 일하다 파김치가 되어 들어오기 일쑤였다. 내가 할 수 있는 일이라곤 스마트폰으로 취업포털 앱을 들여다보며 감정을 삭이는 것뿐이었다.

'그만둘 거야! 다른 데 알아볼 거야!'

채용공고를 들여다보는 행위가 잠시나마 해방감을 주긴 했다. 하지만 그렇다고 힘든 감정이 사라지진 않았다.

도대체 내 감정의 정체는 무엇일까요

"과장님, 우린 왜 이렇게 힘들까요?"

어느 날 후배가 이렇게 한마디를 툭 던졌다.

"왜? 뭐 안 좋은 일 있었어?"

"아뇨, 그런 건 아닌데… 그냥 다들 너무 힘들어 보여서요. 과장님도 건강이 안 좋으신 거 같고요."

그녀도 많이 지쳐 보였는데, 그녀 말처럼 주위를 돌아보니 기분이 좋거나 활력이 넘쳐 보이는 사람은 없는 듯했다.

"흠, 그러네. 우리가 힘든 이유라… 이유를 말하려면 밤새도 모자랄 거야."

"이유가 너무 많아서 오히려 왜 힘든지 모르게 된 것 같기도 해요."

이런 후배의 말에 나는 허탈하게 웃었다.

나는 누군가 '회사 일이 다 그렇잖아. 힘내!'라는 위로를 건넬 때 종종 허탈감을 느끼곤 했다. 동료 간의 애정과는 별개의 감정이었다. 애를 써도 힘든 마음이 좀처럼 털어 내지지 않는 것은 문제였다. 원인이 회사에 있든, 나에게 있든 이런 상태는 분명 문제가 있었다.

살다 보면 힘든 일이 있기 마련인데 어느 순간부터 나는 힘듦을 버텨낼 수가 없었다. 내 안에 계속해서 안 좋은 감정들이 쌓였고, 현실적인 문제든 마음의 문제든 어떻게든 해소해야 할 것 같아 조바심이 났다.

후배의 말처럼 우리는 '왜' 이렇게 힘든 걸까. 이 감정이 대체 뭘까? 생각해 보면 우리는 성장 과정에서 감정을 인식하거나 다루는 법에 대해 제대로 배운 적이 별로 없다. 시대순으로 외웠던 선대 임금들의 이름이나 수학 공식은 아직 기억에 남아 있지만, 감정에 대한 가르침은 기억조차 없다는 사실이 놀랍다.

참거나, 폭발하거나. 감정을 양가적으로 다루기는 우리를 가르쳐야 할 어른들도 마찬가지였다. 때때로 감정이 극에 달한 어른들은 소리를 지르거나 매를 드는 방식으로 우리를 대하기도 했다. 또 어떤 어른들은 이를 갈면서도 감정을 참고 또 참으며, 마음의 병을 키우는 모습을 몸소 보여주기도 했다.

감정을 인식하는 두 가지 방법

우리가 감정을 인식하는 데에는 두 가지 방법이 있다. 첫째는 몸을 통해서고, 둘째는 생각을 통해서다.

먼저 감정을 몸을 통해 느낀다는 것은, 우리가 특정 감정을 느낄 때 몸의 감각도 같이 느끼는 경우를 말한다. 공포감을 느끼면 어깨와 등이 오싹해지고, 슬픔을 느낄 때는 가슴과 목이 죄이는 듯하다. 불안과 긴장을 느끼면 요의를 느끼거나 배가 아프기도 하다.

둘째, 감정을 생각을 통해서 느낀다는 것은 '메타인지'를 의미한다. 메타인지(Meta-cognition)란 '내가 나를 제3의 눈으로 바라보면서 생각, 감정, 상태를 점검하는 사고의 프로세스'다. 메타인지를 잘하는 사람들은 자신의 감정을 들여다보면서 숨은 욕구를 잘 파악한다. 또한, 그들은 관계에도 탁월하다.

"나도 내 감정을 모르겠어."
우리는 종종 이런 말을 하곤 한다. 우리가 느끼는 감정의 종류가 너무나도 많기에 구체적으로 어떤 감정인지 잘 알고 대응하기가 쉽지 않기 때문이다.
메타인지는 그래서 필요하다. 가령, 어떤 대상에게 시기심을 느낀다면 그 감정의 출처가 무엇인지를 가늠해 보는 것이다.
'혹시 내가 상대적 박탈감을 느끼는가?'
'박탈감을 느끼는 거라면, 그 사람이 나보다 더 행복하다고 확신하기 때문인가?'
이렇게 스스로에게 질문하다 보면 자신을 좀 더 객관적으로 들여다볼 수 있다.

메타인지를 통해 감정을 인식하고, 그 감정에 이름을 붙이는 것은 생각보다 중요하다. 예를 들어 우리가 느끼는 감정에 '이건 시기심이야'라고 이름을 붙이면 뇌의 전전두엽 피질(전두

리셋, 다시 나로 살고 싶은 당신에게

엽의 앞부분을 덮고 있는 대뇌 피질)을 활성화시켜서 전두엽이 이성
적 판단을 하도록 해 준다.

고차원적인 정신 활동이 이뤄지는 전두엽은 '이성적 사고'와
'판단'을 담당한다. 이성적 판단을 위해서는 '본능적 욕구와 충
동'을 만들어 내는 변연계를 억제해야 하는데, 전두엽이 이 역
할을 하는 것이다.

정리하면, 우리가 감정에 이름표를 붙여서 전전두엽 피질이
활성화되면 변연계에서 정제되지 않은 충동을 내보내려 할 때
전두엽이 '진정' 브레이크를 걸어 준다는 것이다. 즉, 우리가 감
정을 인식하고 정의하는 것만으로도 그 감정을 조절할 수 있
게 된다.

내 감정에 이름표 붙이기

감정을 명확히 인식하면 자신의 욕구도 명확히 알게 된다.
메타인지를 통해 감정의 겉껍질을 뚫고 들어가면 현재 처한
상황에서 자신이 무엇을 원하고 있는지를 알아낼 수 있다.

자신이 뭘 원하는지 잘 아는 사람은 스트레스받는 '상황'과 '감
정'을 구분할 수 있다. 원하는 것을 기준 삼아 자신을 돌아보기
에 상황을 보다 객관적으로 판단할 수 있고, 자신의 감정도 들

여다볼 수 있다.

그렇기에 결과적으로 이런 사람은 스트레스도 덜 받고 삶의 만족도도 높다. 단지 감정을 '인식'하고 감정에 이름표를 붙이는 것만으로도 기분이 나아지기 때문이다. 보통 심리상담을 받으면 이 과정이 자연스레 이뤄진다. 나 역시 심리상담을 받으면서 이러한 과정을 경험했다.

"그때 어떤 감정이 들었나요?"

"음, 두려움이었던 것 같아요. 내 능력 부족이 낱낱이 드러난다는 두려움."

어쩌면 누군가는 이런 식으로 자신의 감정을 곧바로 설명하지 못할 수도 있다. 감정을 세부적이고 구체적인 뉘앙스로 표현할 수 있는 사람이 있는가 하면, 포괄적이고 대략적인 느낌만 표현하는 사람들이 있다.

신경과학자 리사 펠드먼 배럿 박사는 이것을 '감정 입자도(Emotional Granularity)'라는 개념으로 설명했다. 배럿 박사에 따르면 '감정을 세부적으로 지각하는 사람들이 삶의 만족도가 높다'고 한다.

어찌 보면 자연스러운 일이다. 긍정적인 감정도 단순히 '좋음(Good)'으로 표현하는 사람보다 '소소하지만 확실한 기쁨'처럼 세세히 정의할 수 있는 사람들의 삶이 더 다채롭다. 힘든 감정도 마찬가지다. 더 세세히 감지할 수 있다면 자신의 욕구를 좀 더 명확하게 파악하고 달래 줄 수 있다.

"왜 두려운 감정을 느꼈을까요?"

"음. 잘 해내지 못할 것 같아서요. 그래서 늘 불안하거든요."

"왜 잘 해내지 못할 거 같나요?"

"매번 시간이 너무 촉박해요. 중간에 갑자기 치고 들어오는 일들도 너무 많고요."

"업무를 해낼 시간이 충분치 않은 상황에서 다른 일이 계속 들어오면 누구나 불안하죠. 그걸 어떻게 해결하면 좋을까요?"

"상사한테, 업무 분담을 그런 식으로 하지 말아 달라고 말을 해야 하는데, 자신이 없네요. 그런 말 하나 못하는 제가 너무 답답하고 짜증 나요."

"성격이 강한 상사한테 그런 말 하기가 쉽지 않죠."

나는 상담을 받으면서 그동안 알아차리지 못했던 감정을 인식하게 되었다. 목구멍에 뭔가가 걸린 듯하고 숨이 막히는 느낌은 '답답함, 짜증'이라고 이름 붙여졌다.

이미 머리로 아는 것이라도 직접 말로 내뱉고, 듣고, 정리해 보면 실제로 안다고 믿는 것과는 다를 수 있다. 그러니 자꾸만 나를 힘들게 하는 생각이나 느낌이 있다면 일단 밖으로 꺼내는 게 좋다. 예를 들어 일기를 쓰는 방법도 메타인지에 도움이 된다. 어떤 방식으로든 일단 꺼내어 들여다보자. 그리고 필요한 순간에 당신의 전두엽이 힘든 감정을 지혜롭게 해결하도록 돕게 하자.

'끔찍한 삶', '쓸모없는 삶'이라는 생각 걷어내기

사람들은 종종 자신이 힘든 이유를 '삶이 끔찍해서'라고 말한다. 하지만 그 반대다. 우리는 힘들다는 감정 때문에 끔찍한 삶을 살게 된다.

우리가 괴롭다고 느끼는 삶은, 감정으로 인한 결론이지 원인이 아니다. 생각해 보면, 실제로 우리 삶의 요소에 큰 변화가 없는데도 우리의 감정에 따라 삶에 대한 시각이 변한다는 사실을 알 수 있다. 고통스러운 감정이 멈출 때 삶이 더는 절망적으로 느껴지지 않는다. 이것이 우리가 감정을 잘 인식하고 잘 다루어야 하는 이유다.

감정은 우리의 생각과 믿음으로 만들어진다. 어떤 감정으로 힘들다면 감정 이전에 '어떤 생각'을 했는지 들여다보자.

"쓸모없는 사람이 된 것 같아 기분이 우울해요."

나도 내가 진료실에서 했던 말을 들여다보니 감정 이전에 '생각'이 있었음을 알 수 있었다. 눈치챘는지 모르겠다. 바로 '쓸모없는 사람이 된 것 같아서'라는 생각이다.

그 생각을 하지 않았다면 '우울하다는 감정'도 만들어지지 않았을 것이다. '쓸모없는 사람이 되었다'는 현실이 아닌데도 내 뇌는 이미 '나는 쓸모없는 사람'이라는 '판단'을 내렸다. 그리고 우울하다는 감정을 만들어 냈다.

삶을 끔찍하게 만드는 잘못된 믿음

　　부정적인 생각은 부정적인 감정을 만들어 낸다. 그럼 부정적 생각을 안 하면 좋겠지만, 안타깝게도 우리는 만들어지는 생각을 통제할 수 없다. 좋은 생각이든 나쁜 생각이든, 생각이란 그냥 떠오르는 것이기 때문이다.

그런데 부정적인 생각이 떠오르지 않게 할 방법이 없는 대신, 그 생각이 감정으로 연결되지 않도록 할 수는 있다. 의식적으로 부정적인 생각을 다른 생각으로 전환하거나, '그저 생각일 뿐'이라고 의식을 분리하는 방법이다.

하지만 어떤 상황에서는 우리가 생각을 인식하기도 전에 감정이 만들어지기도 한다. 가령, 우리가 자신도 모르게 '욱하는' 것은 어떤 상황에서 생각이 곧바로 감정과 행동으로 연결된 결과다. '상황→감정→행동'의 과정이 순식간에 이뤄지는 것이다. 한 예로, '상사 앞에만 서면 불안해진다'라는 사람들은 '상사에게 보고하는 상황→불안'으로 자동화된다.

사실 이것은 자동으로 만들어진 감정이 아닌, 조건반사적인 '생각' 때문이다. 우리가 가진 생각의 밑바탕에는 살아오면서 자연스레 형성된 '믿음'이 자리 잡고 있다. 이런 각자의 믿음은 매우 주관적이기에, 과장되거나 왜곡되어 있을 수 있고, 사실이 아닌 것이 사실로 받아들여졌을 수도 있다.
잘못된 믿음은 종종 삶을 끔찍한 것으로 바꿔놓는다. 한 예로, 불안한 한국 사회를 '헬조선'이라고 믿는 사람들은 '한국=먹고살기 힘든 곳'이라는 개념을 가지고 살아간다. 끊임없이 선진국과 비교하며 한국 사회에 속한 자신을 비관한다.

탈진에 이르는 과정도 비슷하다. 내가 그랬듯이 외부적인 상황 때문에 '어쩔 도리가 없다'라는 믿음은 자신을 끝없는 노동으로 밀어붙이게 한다. 적절한 대가와 보상을 받지 못하는 상황에서도 '새로 직장을 구하긴 어려울 거야' 같은 믿음으로 자신을 한계로 몰아넣는다.

'지금 이 순간의 나'를 느끼게 해 주는 네 가지 질문

'어차피 다 소용없어.'

이런 생각을 했다고 가정해 보자. 단순히 스쳐 가는 생각일 수 있지만, 이 생각에는 '현재 상황과 미래를 바꿀 수 없다'라는 믿음이 자리한다. 미국의 베스트셀러 작가 바이런 케이티는 이런 믿음을 깨트리기 위해 다음과 같은 질문을 던진다.

'그것이 진실인가?'

만약 별 방법을 다 써 봤다고 생각하는 사람이라면 고민할 여지 없이 '그렇다'라고 답할 것이다. 하지만 케이티가 던지는 다음 질문에는 머뭇거리게 된다.

'그것이 진실이라고 정말 확신할 수 있는가?'

별 방법을 다 써 봤다고 하지만 세상의 '모든' 방법을 써 보지는 않았으므로 정말 소용없다고 확신하기는 어렵기 때문이다.

여기서 우리는 우리의 믿음에 대한 '건강한 의심'이 생긴다.

이런 시점에 케이티가 세 번째 질문을 던진다.

'그 생각을 믿을 때 당신은 어떻게 반응하는가?'

어차피 다 소용없다고 믿으니 어떤 실행도 하지 않을 것이고, 희망 대신 절망을 택할 것이다. '아무 소용 없다'라는 한 가지 생각 때문에.

이제 케이티가 마지막 네 번째 질문으로 넘어간다.

'그 생각이 없다면 나는 누구인가?'

철학적으로 보이는 이 질문은 대답하는 사람이 스스로를 '인식'하도록 하는 데 목적이 있다. 나는 처음 이 질문과 맞닥뜨렸을 때 당황스러웠다.

'그 생각이 없다면, 나는 정신적 고통이 없는 나인가? 자유로운 나인가? 그것이 원래의 나인가? 평화롭고 자유로운 나는 언제 존재했었나? 나는 언제, 어떨 때 행복한가?'

케이티가 던진 질문을 나 자신에게 해 보니 고통스러운 기억들이 무색하게 여겨지고, 마치 고통이 있기 전의 시점으로 돌아간 듯한 기분을 느꼈다.

케이티는 우리가 이 질문에 대답할 때 어떤 것으로도 규정되지 않은 '지금, 이 순간'의 나를 느낀다고 했다. 그녀는 여기서 마지막 작업을 하게 한다. 문장을 반대로 바꿔보는 것이다.

가령, '어차피 다 소용없어'의 반대는 '나의 힘듦을 떨쳐버릴 방법이 세상엔 아주 많아'이다. '어차피 다 소용없어' 보다는 훨씬 삶의 진리에 가까워 보인다. 케이티는 그녀 자신도 오랫동안 우울증, 분노, 자살 충동을 느껴 왔으며 알코올과 니코틴 중독에 시달리는 고통의 삶을 살았다고 말했다. 그녀는 자신이 얻은 깨달음에 대해 이렇게 이야기한다.

"내 생각을 믿을 때 아프고, 내 생각을 믿지 않을 때 아프지 않음을 알게 되었다. 그리고 그것이 모든 사람에게 그러함도 알게 되었다. 진리란 이렇게나 간단하다. 나는 고통이 자유의지임을 깨달았다. 그리고 내 안에서 환희가 일어났고 다시는 사라지지 않았다."

그녀의 말처럼, 우리는 '자유의지' 때문에 힘들다.

"왜 다른 방법은 생각하지도 않고 자기 파괴적인 생각으로 자신을 몰아가죠?"

진료실에서 의사 선생님은 나의 부정적인 믿음에 제동을 걸듯 되물었다. 그때 내 머릿속에선 기존의 생각이 해체되고 새롭게 범주화되는 과정을 겪었을 것이다. '혹시 나의 잘못된 믿음이 삶을 지옥으로 몰아가고 있었던 건 아닐까?' 하고 말이다.

건강한 의심이란 결국 '나 자신의 믿음에 대한 점검'이다. 자신을 제한해 왔던 믿음의 꾸러미를 풀어 헤쳐 보자. 바이런 케이티가 말한 대로, 우리가 마주하는 현실은 현실 그 자체가 아니라 나의 '해석'이 만들어 낸 나의 세계다. 그 세계를 끔찍한 지옥으로 만들지, 낙원으로 만들지는 나의 선택에 달렸다.

[04]

긍정적인 사람으로
거듭나기

'어쩌다 내가 이렇게 되었지?'

집에서 휴식기를 가지는 내내 머릿속을 떠나지 않던 질문이다. 이 질문은 '나다움'을 잃어버렸다는 상실감, 그 상실의 과정에 대한 궁금증에서 시작되었다.

답을 찾는 과정에서 또다시 무수한 질문이 만들어졌다. 그중 하나는 내 성격에 대한 것이었다. 어린 시절을 돌아봐도 내가 긍정적인 사람이었는지 잘 떠오르지 않았다. 어렴풋한 기억으로는 마냥 밝은 성격의 아이는 아니었던 듯하다. 오히려 '그늘이 있다'라는 표현이 어울렸다. '애가 그늘이 있어'라는 어느 이웃집 어른의 표현처럼, 부모님의 걱정을 자신도 모르게 안고 있던 나는 마냥 밝을 수가 없는, 그런 아이였다.

언제부터 '그늘'이 내 삶을 서서히 집어삼키게 되었는지는 알 수 없었다. 단지 가늠하기 어려울 만큼 꽤 오래된 듯했다. 문득 궁금해졌다. '원래 나는 좀 그늘진 사람인 걸까, 아니면 나에게 그늘이 드리워지게 된 계기가 있었던 걸까?'
원인이 무엇이든 그늘진 기억은 원래의 나, '나다운 나'를 더욱 찾기 어렵게 했다. 어딘가에 깊이 자리한 슬픔, 영혼까지 스며든 우울한 감정, 아픈 기억들은 언제든 감정의 날을 세우고 나를 괴롭히는 듯했다.

하지만 시간이 지난 지금에서는 그 질문에 답하는 것이 그리 중요하지 않게 되었다. 과거의 기억으로부터 현재의 나다움을 정의하는 것은 지나친 자의식으로 인한 피로감만 더할 뿐이었다.
과거는 흘러갔고, 미래는 아직 오지 않았다. 현재를 살아가는 나에게는 지금, 이 순간에 충실하는 것이 최선이었다. 하지만 회사 일도, 집안일도, 강박도 놓아 버린 현재의 나는 충실할 대상이 없어 보였다. 이 모든 것을 놓는 순간 의욕도 같이 사라져 버린 듯했다.

'해야 할 일'이 아닌 '하고 싶은 일' 찾기

우리 뇌는 검색엔진과도 같아서 어떤 키워드를 던지느냐에 따라 다른 정보들을 보여 준다. 그러니 나 자신에게 좋은 질문을 할 필요가 있었다. '어쩌다 이렇게 되었을까'라는 질문은 내 인생의 암울한 시절을 상기시키고, 누군가에 대한 원망과 상실감으로 슬퍼지게 할 뿐이었다.

좋은 질문을 하면 '나는 왜 이렇게 슬픈 거지?' 하고 물을 일도 없어진다. 애초에 우울한 감정이 만들어지지 않기 때문이다. 스스로 좋은 질문에 대한 답을 생각하다 보면 오히려 기분이 좋아진다. 좋은 질문에 대한 '좋은 해답'을 내렸을 때 느끼는 기쁨은 다음 행동을 위한 에너지가 된다.

'나는 어떤 삶을 원하는가?'

내가 질문을 바꾸기로 한 후 가장 먼저 떠올린 질문이었다. 당장 떠오른 대답은 '건강하고 행복한 삶'이었다. 이어서 세부적인 질문을 해 나갔다.

'건강해지기 위해서는 무엇이 필요한가?'

'내가 생각하는 행복이란 무엇인가?'

'두 가지를 위해 도움을 줄 수 있는 사람은 누구인가?'

'내가 닮고 싶은 삶을 사는 사람은 누구인가?'

'그 사람은 어떤 과정을 거쳐 그런 삶을 이뤄 냈는가?'

'이 답을 알아내기 위해 나는 무엇을 하면 좋은가?'

곧바로 답하기 쉽지 않은 질문들이었지만, 나에게 기분 좋은 자극을 주고 있었다.

나는 이 질문들에 답하기 위해 무의식 깊숙이 자리하던 생각들을 하나씩 끄집어내는 연습이 필요했다. 심리상담 선생님은 낙서나 간단한 그림 같은 것을 끄적여 보라고 조언했다. 그녀의 말대로 그냥 종이에 끄적이면 되는 일이었다. 하지만 막상 책상에 앉아 백지를 마주하니 아무것도 쓸 수가 없었다. 결국, 2주가 지나도록 아무것도 쓰지 못한 채 상담실로 갔다.

"오래 고민해 봐도 뭘 써야 할지 모르겠어요. 예전엔 글 쓰는 걸 좋아해서 매일 뭔가를 쓰곤 했던 거 같은데…"

심리상담 선생님은 잠시 뭔가를 생각하더니 나에게 마인드맵을 그려 보라고 권했다.

"마인드맵을 그려 봐요."

"하고 싶은 일에 대해서요?"

"네, 가운데에 '하고 싶은 일'이라고 쓰고, 쭉쭉 가지를 뻗어 가는 거예요."

이전의 나는 '하고 싶은 일'보다는 '해야 하는 일'을 생각하는 사람이었다. 즉, 시험이나 자격증처럼 시간과 노력을 들이면 내 능력치를 올리거나 검증할 수 있는 일들이 우선이었다. 하고 싶은 일들은 언제나 이런 일들에 우선순위가 밀려 큰마음을 먹은 후에나 할 수 있었다.

죄책감과 두려움을 내려놓고 가벼워지는 것. 한 인간으로서 주어진 자유의지를 만끽해 보는 것. 그것이 나에게 주어진 과제였다.

'그래, 뭐가 문제야. 답이 있지도 않은데 뭐라도 써 보는 거야.' 단순히 뭔가를 끄적이는 것조차 고민하던 나는 마인드맵을 그리며 '하고 싶은 일'에 대한 답을 써 나갔다.

'산책하기, 서점 가기, 여행 가기, 맛있는 음식 만들기, 남편과 드라이브 가기…'

내게 행복감을 주는 일 외에 다른 것은 생각하지 않고 일단 적었다. 오랫동안 단단히 걸어 잠겨져 있던 문의 빗장이 풀어지는 순간이었다. 내가 마인드맵에 적은 것들에는 아주 사소한 것부터 어느 정도 준비가 필요한 것, 언젠가 펼치고 싶었던 꿈 등이 섞여 있었다. 다 쓰고 보니 마음이 설레었다. 오랜만에 느껴 보는 감정이었다.

당장 할 수 있는 일부터 실천하기

"뒤죽박죽이긴 한데, 제가 원하는 것들을 일단 다 써 봤어요."

"잘했어요! 이제 여기에 쓴 것들을 좀 더 구체화해서 써 보세요. 수정할 건 수정하고, 아예 다시 써도 되고요. 그리고 행동해 보는 거예요. 작은 것부터 하나씩."

그녀의 조언대로 그중에서 당장 할 수 있는 것 하나를 골라 실천하기로 했다. 가장 처음에는 '산책하기'를 골랐다. 하지만 이상하게 즉시 행동으로 옮겨지지 않았다.

분명 '산책하기'라고 썼고 정말 산책을 원했다. 그런데 좀처럼 밖에 나가지 않으려 몸부림치는 모순된 나 자신을 이해할 수 없었다. 머릿속에서는 '실천해야 한다'라는 강박이 솟구치고 있었지만, 산책하러 가고 싶다는 마음을 뭔가가 억누르고 있는 듯했다.

그렇게 몇 날 며칠을 씨름하다 결국 산책에 성공했다. 그게 뭐라고 그렇게 어려웠는지. 소소한 목표였지만 첫 성공을 자축했다.

차츰 마인드맵에 적힌 다른 것들을 실천에 옮겼다. 서점에서 책을 사서 읽고, 먼지 쌓인 화구박스에서 붓을 꺼내 엽서 크기만 한 그림을 그렸다. 그림 그리기는 오랫동안 잊고 있던 '몰입의 행복'을 소환해 냈다. '나 아직 그림 그릴 줄 아네.' 내가 그려놓은 그림을 보고 마음이 일렁였다.

'하고 싶은 게 또 생각났어!' 마인드맵은 조금씩 더 뻗어 나갔다. 늘어나는 가지의 수 만큼, 몸의 세포들이 행복을 향해 팔을 뻗어 나가는 듯했다.

대개 '하고 싶은 일'이란, 좋아하는 것과 관련된 경우가 많다. 생각의 가지를 계속 뻗어 나가다 보면 자신이 순수하게 좋아하는 것과 관련된 일들을 떠올리게 된다. 보통 '좋아하는 것'을 써 보라고 하면 '커피, 옷, 책'과 같이 명사형 키워드들을 나열한다.

이 키워드들을 '동사화'해 보면 구체적인 행동으로 이어지기 쉽다. 예를 들어 '커피'를 '뷰가 좋은 카페에 앉아 커피 마시기'로, '책'을 '대형서점에서 책 쇼핑하기'로 바꿔볼 수 있다. 상상만으로 기분이 좋아진다면 성공이다. 이제 당장 할 수 있는 일부터 해 보기로 하자. 처음에는 스스로 행복해지려는 노력이 어색하게 느껴지더라도 계속해서 시도할 필요가 있다.

우리가 스스로 좋아하는 일을 '찾아서'라도 해야 하는 이유는 긍정에도 어느 정도 훈련이 필요하기 때문이다. 과거에 자신이 낙천적이었다 해도 우울한 기간이 길어지면 뇌는 '우울한 뇌'로 굳어진다. 따라서 그 기간 이상으로 기분 좋은 경험들을 주입할 필요가 있다.

내가 좋아할 만한 이벤트를 나 자신에게 선사해 보자. 아주 사소한 일이라도 좋다. 매일 잔잔한 즐거움을 삶에 채우다 보면 어느새 밝고 긍정적으로 변한 나를 발견하게 된다.

'사람이 꼭 긍정적일 필요가 있을까?'

어쩌면 당신은 이런 생각이 들지도 모르겠다. 실은 암울하던 시기에 내가 가끔 했던 생각이기도 하다.

우리가 삶을 긍정과 행복으로 채워야 하는 이유는 이것이 삶의 동력이 될 때 더 많은 것을 이룰 수 있기 때문이다. 긍정의 뜻은 '그러하거나 옳다고 인정하는 것'이다. 무조건 좋게만 생각하는 것이 아니라 현실을 인정하고 그에 따라 다음의 행동을 생각하는 것이 '긍정'이다. 긍정은 그래서 필요하다.

반면에 '부정'은 다음으로 나아가기 어렵게 한다. 내 삶이 매사 인정할 수 없는 것으로만 채워진다고 생각하면 눈앞에 놓인 모든 것이 장애물처럼 여겨지고, 무엇 하나 이루기가 쉽지 않다.

우리에게 다행인 사실은 '현실은 언제나 변한다'는 것이다. 현실은 언제나 좋을 수도, 언제나 나쁠 수도 없다. 매 순간 다르게 변화하는 현실의 리듬을 느껴 보자. 현실이라는 토양에 긍정의 에너지가 자라날 때까지, 우리가 좋아하는 것을 심고, 가꾸고, 들여다보자. 여기에는 기분 좋은 고민만이 존재할 뿐, 집착도 걱정도 필요치 않다.

5장

번아웃 예방 솔루션 1 :
가짜 자존감 내려놓기

트라우마를 극복해야
진짜 어른이 된다

누구나 과거의 아픈 경험이 있다. 어떤 공간에 갇혔던 경험, 뭔가를 잘못 먹고 심하게 앓았던 경험, 부모님의 싸움, 교사의 폭력적인 언행, 친구들의 따돌림 등 대부분 생각만으로도 가슴이 떨리고 무서웠던 경험, 감당할 수 없는 충격과 공포를 느꼈던 경험들이다.

이런 경험이 자주 반복되면 마음에 새겨진다. 우리는 이것을 '트라우마'라 부른다. 트라우마를 극복하는 것은 성숙한 어른이 되기 위해 거쳐야 할 과정이지만, 많은 사람이 그러지 못한 채 어른이 된다.

'트라우마'라는 말은 '상처'라는 뜻의 고대 그리스어에서 유래했다. 보통 전쟁이나 범죄, 사고 등으로 얻은 극심한 외상 후 스트레스 장애(PTSD : Post Traumatic Stress Disorder)를 트라우마라고 한다.

그런데 사소한 사건이라도 지속적으로 마음에 상처를 입히고 자존감을 훼손시키면 트라우마가 될 수 있다. 특히 어린아이에게는 이런 일이 더 흔하게 일어난다. 전문가들은 이것을 '작은 트라우마'라 말한다.

작은 트라우마는 어린 시절 함께해 온 부모, 양육자, 교사와 관련이 깊다. 완벽한 양육이란 없기에, 어른들이 사랑과 정성으로 보살피더라도 아이는 미묘한 부분에서 상처를 입곤 한다. 그 기억이 두렵고 고통스러울수록 기억은 강렬하게 저장되는데, 이런 기억은 살아온 환경에 따라 별문제 없이 잊히기도 한다.

하지만 문제는 이런 고통의 기억들이 무의식 어딘가에 자리 잡고 있다가 인생의 크고 작은 선택들에 영향을 미친다는 점이다. 이는 또한, 자존감은 물론 성격에도 영향을 미친다.

트라우마를 계기로 무의식에 새겨지는 '자기보호' 전략

어린 시절에는 대부분 부모의 바람을 충족시키기 위해 노력한다. 유럽의 심리학자 일자 샌드(Ilse Sand)는 자신의 저서 《컴 클로저(Come closer)》에서 이러한 노력을 '자기보호'라는 개념으로 설명한다.

아이들은 본능적으로 '살아남기 위해' 부모 혹은 양육자의 기대를 충족시키려 애를 쓰는데, 그 과정에서 어떤 '생존 전략'을 취하게 된다. 이것이 '자기보호'이다. 이처럼 어린아이가 감당하기 어려운 사건이나 상처받을 수 있는 상황에 놓이면 자신을 보호하기 위한 행위를 하게 되는데, 그 행위가 무의식에 저장되면 이것이 향후에도 자신을 보호하는 방어기제(Defence Mechanism)*로 작동하게 된다.

일자 샌드는 '자기보호가 자동화되는 과정은 자전거 타는 법을 배울 때의 원리와 비슷하다'라고 설명한다. 자전거를 처음 배울 때는 중심을 잡기 어렵지만 한 번 감을 잡으면 몸이

---

* 정신분석학의 창시자인 지그문트 프로이트(Sigmund Freud)가 처음 이 용어를 사용했다. 방어기제란, 자아가 위협받는 상황에서 무의식적으로 자신을 속이거나 상황을 다르게 해석하여 감정적 상처로부터 자신을 보호하려는 심리적 의식 또는 행위를 말한다. 일자 샌드는 이를 '자기보호'라는 용어로 설명하고 있다.

리셋, 다시 나로 살고 싶은 당신에게

자동으로 반응하여 중심을 잡듯이, 자기보호를 위한 행위 역시 계속해서 반복하다 보면 서서히 자동화되고 무의식에 새겨진다는 것이다. 그리고 나중에는 스스로 자기보호 전략을 사용하고 있는지조차 인식하지 못하게 된다고 한다. 이런 이유로 우리는 어른이 되어서도 어린 시절에 만들어진 자기보호 전략을 무의식적으로 이용하며 살아간다.

일자 샌드에 의하면, 우리가 흔히 쓰는 자기보호 패턴은 다음과 같다.*

■ 주의전환: 자신이 겪는 상황에서 벗어나기 위해 다른 것에 집중한다.
   예) 연인과 이별 후 힘든 마음을 업무로 달랜다.
■ 투사: 내가 느낀 감정을 다른 사람의 감정으로 착각하거나 외부 상황 때문이라 여긴다.
   예) 피곤한 엄마가 눈이 말똥말똥한 아이를 억지로 재우려 한다.
   예) 내가 불행한 이유를 인정머리 없는 상사를 만났기 때문으로 여긴다.

---

* 일자 샌드, 《컴 클로저》, 42~43p, 부분 인용.

■ 무기력해지기: 현실을 회피하고 음식, 게임, 잠 등에 의지하며 무기력해진다.

예) 해야 할 일이 있지만 신경 쓰지 않고 게임만 한다.

■ 긍정의 과잉: 나에게 일어난 좋지 않은 일을 긍정적으로 해석하며, 그 일로 느끼는 감정을 회피한다.

예) 누군가 자신을 힘들게 하는데도 그 사람이 나에게 최선을 다하고 싶어서 그런다고 여기며 분노나 슬픔을 피하려 한다.

어른이 되어서도 계속되는 자기보호 패턴

자기보호 패턴은 한 번에 여러 가지가 중첩되어 사용되기도 한다. 나의 경우 힘든 상황에서 주로 주의전환, 긍정의 과잉, 무기력해지기 패턴을 써 온 듯했다. 그런데 나의 자존감에 결정적인 영향을 준 것은 '공격자와 동일시'라 일컫는 패턴이었다. '공격자와 동일시' 패턴이란 자기 자신에게 등을 돌리고 공격하는 사람 편에 서는 것을 말한다. 상대로부터 사랑이나 인정받지 못한다는 느낌, 그로 인한 외로움으로부터 자신을 방어하기 위해 쓰는 패턴이다.

나는 대인관계에 있어서 나에게 중요하다고 여겨지는 사

람들에게 부정적 감정을 드러내지 못하는 패턴을 보였다. 어릴 때는 부모님에게, 어른이 되어서는 주로 평가를 받아야 하는 상사나 교수, 선생님에게 그랬다.

평소의 나는 회사에서 스트레스를 받으면 되도록 '좋게' 생각하려고 애쓰는 편이었다. 누군가가 나에게 감정적으로 대하더라도 되도록 회사에서 감정적인 상황을 만들고 싶지 않았기 때문이다. 예전에 한 상사와의 관계에서도 이런 자기보호 패턴이 작용했다.

"김 과장, 내가 말한 고객사에 전화해 봤어?"

"네, 그런데 고객사가 외국계 회사라서 미팅을 영어로만 진행하고 싶다고, 우리 쪽 미팅 참석자들을 영어가 유창한 인력으로만 구성할 수 있는지 묻더라고요. 그렇지 않으면 미팅이 의미가 없을 것 같다고요. 그래서 현재 우리 쪽 인력으로는 그렇게 구성하기 어려울 것 같다고 했습니다."

"하, 김 과장. 고객한테 그런 식으로 말하는 게 맞다고 생각하나?"

"음..."

"왜 그렇게 대답했지?"

"제가 파악한 바로는 우리 팀에 영어가 유창한 인력은 두 명 정도인데, 그 두 명 모두 이번 건과 같은 중대형 프로젝트 매니

징 경험이 전혀 없는 데다, 현재 다른 프로젝트에 투입돼 있기도 해서 그렇게 말씀드렸습니다."

내 말을 듣고 있던 상사는 한참 동안 나를 경멸 어린 시선으로 노려보았다. 그 눈빛이 얼마나 공포감을 주었는지 온몸이 얼어붙는 듯한 기분이 들었다.

"… 가 봐. 앞으로 주의해."

무엇을 주의하라는 의미인지는 알 수 없었지만, 무언가 큰 죄를 지은 듯한 기분을 떨칠 수가 없었다.

'뭘 주의하라는 거지? 고객사에 그런 인력이 있다고 거짓말이라도 해야 했나?'

'혹시 회사가 인력을 충원할 겨를도 주지 않고 내가 대형 고객사 수주 기회를 발로 차 버린 건가? 그렇다면 회사 차원에서 내가 잘못하긴 했는데, 그래도 그렇지 그 경멸 어린 시선은 뭐지…'

태어나서 처음 받아보는 시선이었기에 충격이 상당했다. 생각할수록 미궁으로 빠져드는 느낌이었고, 업무에 집중할 수가 없었다. 머릿속이 복잡해지고 마음이 점점 힘들어지자 나는 그냥 좋게 생각하기로 했다.

'그냥 그 상사가 요즘 스트레스가 심해서 그러셨겠지. 고객한

테 내가 더 잘 말했어야 했는데…. 안 그래도 힘드실 텐데 내가 별 도움이 안 돼서 죄송하네.'

그런데 그 상사와의 관계에서 이런 일들이 계속해서 일어났다. 그 상사는 맥락을 알 수 없는 분노와 짜증을 나와 동료들에게 지속적으로 표출했고, 표출 방식도 다양해졌다. 급기야 그 상사가 전체 팀원에게 보낸 메일을 두고 팀원들이 불만을 쏟아 내는 일이 벌어졌다.

"저 인간 요즘 왜 저래? 문 열어 놓고 에어컨 켜둔 게 그렇게 분노할 일이야? 일할 자격을 운운할 만큼?"

"저는 아침에 메일 보고 깜짝 놀랐잖아요. 김 과장님은 그런 메일 받고도 괜찮으세요? 인턴들까지 참조에 넣어서 보내셨던데, 대체 왜 그러시는 거죠?"

동료들은 상사의 행동이 이해할 수 없다는 듯 짜증스럽게 말했다. 나 역시 동료들과 같은 생각이었지만 내 감정과는 별개로 최대한 좋게 생각하려 애썼다.

"물론 안 괜찮죠. 상사 생각에 동의하지도 않고요. 그런데 지금 할 일이 너무 많아서 그런 거에 신경 쓸 여유도 없어요. 팀원들이 나를 믿어 주면, 그걸로 됐어요."

"와, 과장님 진짜 멘탈이 갑이다, 갑. 저라면 그런 메일 받고 일 못 할 거 같아요."

나는 동료들 말대로 '멘탈갑'이 될 수 있길 바랐다. 감정에 흔들리지 않고 냉철하게 자기 일을 할 수 있기를. 하지만 부당함에 대응하지 않고 '좋게' 생각하려는 방식은 스스로 죄책감을 부여하는 방식이었고, 이는 자존감에 상처를 내는 결과를 낳았다. '나는 그때 왜 그런 선택을 했을까?' 나는 그로부터 한참 지나고 나서도 그 이유를 알지 못했다.

"선생님, 저는 왜 그때 상사의 메일에 대해 당당하게 해명하지 못했을까요? 제가 뭘 그렇게 잘못했는지 되묻지 못했을까요? 바보 같다는 생각이 들어요. 인제 와서…"
심리상담 선생님은 그마저도 나의 '최선'이었을 거라고 말했다. 그녀의 말에 나는 고개를 끄덕였다.
'그래 맞아. 나는 내가 할 수 있는 최선을 다했어. 계속 일하고 먹고살아야 하니까. 살아남으려면 그게 최선이었어.'

심리상담을 받고 나서 집으로 돌아오는 길에 문득 하나의 장면이 떠올랐다. 어린 시절의 내가 울면서 부모님께 편지를 쓰는 장면이었다. 편지 내용은 기억이 나질 않는데 그때의 감정이 새삼 떠올랐다. '죄책감'이었다.
내가 어렸을 때 부모님은 성격 차이든 경제적 이유든 여러모로 자주 다투셨다. 나는 부모님이 새벽까지 언성을 높이며 싸

리셋, 다시 나로 살고 싶은 당신에게

우면 이불 속에서 숨죽여 울었다. '왜 우리 집은 화목하지 못하냐고, 제발 그만 좀 싸워요'라고 말하고 싶었지만, 열을 올리며 싸우는 두 사람의 틈에 끼어들 엄두가 안 났다. 나는 그저 무력한 아이일 뿐 부모님의 불화를 막을 수는 없었다.

가정사에 관심이 없었던 아버지는 자주 술을 마셨고, 삶의 무게에 짓눌려 우울했던 엄마는 나와 남동생에게 자주 화를 냈다. 그럴 때마다 나는 생각했다.
'엄마, 미안해…. 제가 더 열심히 할게요. 열심히 해서 어른 되면… 잘 돼서 엄마 행복하게 해 줄게. 실망하게 해서 미안해요.'
나는 이 생각을 아주 많이, 자주 했었다. 내가 고통받을 때 나 자신의 편이 아닌, 고통을 준 상대의 편에 있기를 택하는 것. 그것이 어릴 때 내가 만든 자기보호였다. 부모님에게서 사랑받지 못할까 봐, 인정받지 못할까 봐 두려웠고, 그 두려움은 죄책감과 자기반성으로 이어졌다.

무의식에 새겨질 만큼 반복되었던 무력감과 죄책감은 어른이 된 후에도 '내가 잘못했고, 더 잘해야 한다'라는 생각을 만들어 냈다. 그 생각의 작동으로, 상사나 교수가 내뱉는 모진 언행에 몹시 괴로워하면서도 그냥 좋게 생각하자며 견뎠다. 그렇게 하는 것이 '긍정'이라고 믿었다. 그것이 어른이 된 나의 자존감을 갉아먹고 있다는 사실을 모른 채.

자기보호를 내려놓고 진짜 어른이 되기

자신에게 자동화된 자기보호 패턴에서 벗어나려면 '과거의 나를 마주하는 것'에서부터 시작해야 한다. 작고 연약했던 어린 시절의 나를 만나서 대화를 시도해 보는 것이다. '내 잘못이 아니라고, 오히려 사과받아야 할 사람은 나였다'라고 말이다. 과거의 상처를 다시 마주하는 일은 고통이 따른다. 하지만 과거의 자신을 다독이다 보면 잠재의식에 가라앉아 있던 상처가 서서히 치유되기 시작한다. 단단한 자기보호의 껍데기 속에 숨겨져 있던, 진짜 내 감정과 욕구들을 들여다볼 수 있기 때문이다. 이에 대해 일자 샌드는 이렇게 이야기한다.
"자기보호 전략을 거둬내면 그 아래에 짜증과 분노가 있고, 그 아래에는 슬픔과 고통이 있다. 이 감정들의 가장 깊은 곳에는 사랑과 유대에 대한 갈망이 있다."

우리가 살아가면서 고통을 되풀이하는 이유는 스스로 취약하다 느끼는 감정들을 회피해 왔기 때문이다. 하지만 내가 고통스러울 때 나 자신의 편이 되어 주려면 이런 감정들도 나의 일부로서 함께할 수 있어야 한다.

과거의 경험으로 돌아가 내 안의 슬픔을 마주해 보자. 슬픔을 느낄 시간을 주고, 말과 글로 표현해 보자. 슬픔이 나의 일부가 되게 하면 우리가 중요하다고 느끼는 사람에게 내 슬픔을 보여 줄 수 있게 된다.

얼마간은 고통스러울지 모른다. 하지만 고통의 과정이 지나면 자기보호의 막이 깨진 자유로운 나, 포용력을 가진 어른으로서의 나 자신을 마주할 수 있다.

연약했던 나에게 잘 버텨줘서 고마웠다고 인사해 보자. 그리고 선언하자. 이젠 다른 방식으로 성장해 보겠노라고.

[02]

내가 진짜 원하는 것을
알아야 한다

"알잖아. 사회생활이 다 그렇지 뭐."

우리가 정말로 자주 말하고, 또 듣는 이야기다. 사회적 가면을 쓰고 살아가야 하는 숙명이 버거워서일까. 나는 위로인지, 체념인지 헷갈리는 이 말을 들으면 왠지 더 기운이 빠지는 듯했다. 한편으로는 이런 의심이 들기도 했다.

'정말 사회생활이 다 그런 걸까?'

'사회생활이 다 그래야만 한다면 앞으로도 계속될 내 힘듦은 어찌해야 하나.'

'과연 그 힘듦은 내가 감당할 수 있는 수준일까?'

이는 자존감에 대한 우려 때문에 생긴 의심이었다. '이런 사회생활이라면 자존감이 훼손되지 않을까?' 하는 무의식에서 오는 우려였다. 사회생활을 잘하려면 스스로 원치 않더라도 사회적 가면을 쓰고 그에 맞는 마인드와 행동을 보여 줘야 한다. 또 회사라면 회사가 원하는 '인재상'이 있기도 하다. 하지만 나는 이런 의문이 들었다.

'어느 정도의 사회적 가면은 필요하다지만 '진짜 내 모습'을 보여줄 기회가 세상에 존재하긴 하는 걸까?'

사랑받고 싶은 나 vs. 내가 사랑하는 나

사실 나는 누구보다 철저하게 사회적 가면을 쓰고 있던 사람이었다. 어느 날 나는 친구에게 이렇게 말했다.

"그동안 쉬면서 생각난 건데, 내가 회사에 있을 때 자존감이 높지 않았던 것 같아."

"정말? 난 네가 자존감이 높은 것 같다고 생각했는데."

"그래? 높았던 적도 있었겠지? 자존감은 변하는 거니까. 근데 오르락내리락하다가 어느 순간 확 떨어진 게 아닌가 싶어."

나의 무엇이 친구에게 자존감 높은 사람으로 보였는지는 대충 가늠할 수 있다. 사람들은 흔들림 없는 단단한 모습에서 자존감을 발견하는 듯했다. 내게도 분명 '자존감이 높아 보이는' 모습이 있었다.

하지만 의식하지 못하는 사이 진짜 내 모습은 가면 뒤로 서서히 사라져 버렸다. 그러다 번아웃이 오고, 두꺼운 가면 뒤에 숨겨져 있던 자존감에도 균열이 가기 시작했다.

우리가 사회적 가면을 벗지 못하는 이유는 다양하다. 노력한 만큼 보상을 받을 것이라는 생각이나, 누군가의 기대와 역할에 부응해야 한다는 강박, 죄책감 등이 그런 이유가 된다.

안타깝게도 많은 사람이 여러 이유를 동시에 가지고 있다. 가면을 써야 하는 이유가 벗어야 하는 이유보다 명확하고, 또 그것이 생계와 직결되어 있기에 쉽게 내려놓지 못한다.

자의든 타의든 사회적 가면에 너무 오래 갇혀 있으면 본래의 자신이 어땠는지, 가면 안에서 느꼈던 '진짜' 감정이 무엇인지 알기 어렵다. 특히 번아웃이 올 정도로 일을 많이 한 경우라면 두말할 것도 없다. 오랜 시간 내면을 들여다보지 못했으니 자신에게 무슨 일이 일어나는지 알기 어렵다. 치유의 손길을 기다리던 상처는 곪아가고, 곪은 채 방치된 상처는 결국, 마음에 흉터를 남긴다.

우리는 모두 자신이 이상적인 사람이길 바란다. 하지만 내면의 이런 바람은 종종 '두려움'으로 바뀐다. 언제나처럼 두려움은, 사회적 가면을 내려놓기 힘든 동기가 된다.

하지만 때론 사회에서도 진짜 자기 자신을 보여 주어야 할 때가 있다. 누군가에게 인정받고자 하는 욕구, 모두에게 사랑받고 싶은 마음 때문에 가면을 내려놓지 못하면 실제로 그 보상이 주어진다 해도 그것이 진짜 자기 자신을 위한 것인지, 가면 쓴 자신을 위한 것인지 구별하기 어려워지기 때문이다.

우리가 계속 노력하고 애써 봐도 자존감이 낮아지는 이유가 여기에 있다. 우리의 노력이 우리 자신을 사랑하는 데서 시작된 게 아닌, 타인에게 사랑받기 위해서거나 또는 특정한 보상을 위해서 시작되었기 때문이다. 그 결과 우리는 계속 가면을 써야 하는 악순환을 겪게 된다.

노력을 기울여 더 나은 사람이 되는 것은 자신을 사랑하는 방법이 될 수 있다. 하지만 그런 사람이 '되어야만' 나를 사랑할수 있다는 것은 '조건부 사랑'이 된다. 나 자신에게서 조건 없는 사랑을 받지 못하면, 언제나 특정 조건을 만족시키기 위해 높은 기준을 세우고 애쓰게 된다.

가면을 내려놓기 위한 노력

이런 경우 결국엔 지칠 수밖에 없고, 가면마저 제 기능을 하지 못하는 때가 온다. 이럴 때는 '단단한 자존감'이 방패가 되어 줘야 한다. 실제로 자존감이 높은 사람들은 번아웃이 오더라도 자신을 보호할 필요가 있을 때 스스로의 민낯을 드러낼 줄 안다. 물론 여기에는 용기가 필요하다. 즉, 나 자신을 보호할 필요가 있는 상황에서 '가면을 벗을 용기'가 있느냐의 문제다.

그럼 어떻게 하면 우리가 이런 상황에서 두려움을 이기고 가면을 벗을 용기를 낼 수 있을까? 먼저 매 순간 선택의 갈림길에서 나 자신에게 이렇게 질문해 보자.

- 이 선택이 진짜 내가 원하는 것일까?
- 여기가 진짜 내가 원했던 곳인가?
- 이것이 정말 나를 만족시킬 수 있을까?

이렇게 질문해 보면 그 선택에 따른 결과를 짐작해 볼 수 있고, 그 선택에 대해 확신할 수 있게 된다.

만약 이 질문들에 명확히 답할 수 없다면, 좀 더 세분화된 질문이 필요하다. 예를 들면 이렇게 질문해 볼 수 있다.

리셋, 다시 나로 살고 싶은 당신에게

■ 건강한 선택인가, 자극적인 선택인가?

■ 할 만한가, 무리인가?

이때 선택의 초점을 '가장 이상적인 나', '가장 되고 싶은 나'에 맞추어야 한다는 점이 중요하다. 따라서 위의 질문을 해 보기 전에 '내가 어떤 사람이 되고 싶은지'부터 질문해 볼 필요가 있다. 만일 질문을 통해 '당당하게 내 의견을 말하고, 외부 의견에 흔들리지 않는 사람이 되고 싶다'라는 답을 얻었다면, 그런 자신을 위해 어떤 선택이 좋을지 생각하는 것이다.

이런 과정을 통해 선택하다 보면 그 선택에 대한 확신이 생기고, 용기가 샘솟는다. 또, 자신이 정말 원하는 것을 잘 인식할 수 있고, 더 깊은 차원에서 이해할 수 있게 된다.

타인을 의식하는 습관을 버리지 못했다면, '과거의 나'와 '현재의 나'를 비교하는 방식을 활용해 보자. 타인과 나를 비교하고픈 유혹이 생길 때마다 비교 대상을 '과거의 나'로 바꿔서 '현재의 나'와 비교해 보는 것이다.

작년의 나와 어제의 나, 10년 전의 나와 5년 전의 나는 어떻게 다르고, 어떻게 나아졌는지 떠올려 보자. 이렇게 비교 대상만 바꿔도 타인에 관한 관심은 저만치 멀어지고, 자신의 성장과 발전에 집중할 수 있게 된다.

가면을 내려놓고 '자기 자신으로 살기' 위해서는 무엇보다 마음이 편해야 한다. 이는 나에게도 중요한 깨달음을 주었다. '자기 자신으로 산다'라는 느낌은 마음이 평온한 상태, 무엇을 해도 죄책감이나 두려움이 없는 상태였다.

두꺼운 가면을 내려놓은 상태, 회사 밖에서의 당신은 어떤 사람인가. 가장 편안한 상태에서의 당신은 어떤 모습인가. 머리 모양, 옷차림, 말투는 어떤가. 그 순간 당신과 함께 있는 사람은 누구인가. 당신의 사소한 실수에 그 사람은 어떻게 반응하는가. 자신의 장점과 단점을 모두 드러낼 수 있을 때, 단점이 드러나도 편안할 때, 온전한 자신을 마주할 수 있다.

'아니요'라고 말하기와 자기 위로하기

가면을 내려놓고 나서 나 자신을 정당한 방식으로 보호할 방법이 두 가지 있다. 첫째, '아니요'라고 말하기, 둘째, 자기 위로하기이다.

'아니요'라고 말하기는 '자신의 한계를 설정하는 일'을 의미한다. 당신이 언제나 과도한 요구에 억눌려 있다면 삶이 고달플 수밖에 없다. 여태까지는 가면이 시키는 대로 살아왔다면, 이제 자신을 위한 선택을 해 보자. 생각만큼 걱정할 일이 일어나

리셋, 다시 나로 살고 싶은 당신에게

진 않는다.

　다음은 자기 위로하기이다. 당신은 힘들어하는 자기 자신을 어떻게 위로해 주고 있는가. 자존감이 높은 사람들은 고통 속에 자신을 놓아두지 않는다. 이들은 자신의 상처를 들여다보고 자기 연민을 통해 고통을 위로한다.

반면에 고통의 순간에도 딱딱한 가면 뒤에 숨어 상처가 곪아가는 것을 지켜보기만 하는 이들이 있다. 가면을 벗으면 드러나는 연약한 자신에게 연민이 아닌 혐오로 비난의 화살을 퍼붓기도 한다. 이것은 상처에 소금물을 뿌리는 것과 다름없다.

자신에게 친절하고 따뜻한 사람이 되자. 고생한 자신에게 이렇게 말을 건네자. '힘들었지? 고생 많았어. 오늘도 노력하고 애써 줘서 고맙다. 사랑한다'라고.

[03]

나 자신의 실수와 고통을
기꺼이 인정해 주기

　'삶은 투쟁이니까.'

평소 내가 습관처럼 쓰던 말이다. 현재의 행복 여부와는 상관없이 내게 삶이란 언제나 싸워서 쟁취해야 하는 대상이었다. 나 자신과의 싸움, 경쟁자와의 싸움, 세상과의 싸움. 언제나 목표로 하는 것에는 '싸워서 이겨야 한다'라는 생각이 있었다.

이런 생각은 내가 어렸을 때나 어른이 되어서나 변함이 없었다. 어렸을 때는 좋은 성적을 얻기 위해, 어른이 되어서는 한 사회에서 살아남기 위해.

나와 달리 자신의 삶과 싸우지 않는 듯 보이는 사람들도 있었다. 애초에 돈이 많거나, 자포자기하거나, 종교적 수행을 하는 사람들이 그랬다. 하지만 대부분의 평범한 사람들은 매 순간 사투를 벌이며 살아가는 듯했다.

나의 일과 남의 일 구분하기

우리가 이토록 애를 쓰는 이유는 '잘 살고 싶기' 때문이다. 궁극적으로는 행복하기 위함인데, 그 전제가 '삶=투쟁'이라는 점이 상당히 아이러니하다.

투쟁의 과정에는 맞닥뜨려야 할 크고 작은 고통과 두려움이 존재한다. 우리는 그것과 싸워 이겨야 원하는 것을 얻을 수 있다. 적어도 '삶=투쟁'이라는 전제가 맞다면 이것이 정론인 듯하다. 하지만 이 전제가 틀렸다면?

앞에서 소개한 《네 가지 질문》의 저자 바이런 케이티는 우리의 삶이 괴로운 이유가 '모든 것을 통제하려 하기 때문'이라고 했다. 그녀는 세상사를 세 가지 일로 본다. 나의 일, 남의 일, 신(神)의 일이다. 여기서 신의 일이란 '현실'을 뜻한다. 나와 당신과 모든 사람의 통제를 벗어나는 일이 신의 일이다.

예를 들어 '나는 더 날씬해져야 해'는 나의 일이다. '상사는 감정적으로 말하지 말아야 해'는 남의 일에 간섭하는 것이다. '한 달 동안 비만 오니 못 견디겠어'는 하늘의 일, 즉 신의 일에 간섭하는 것이다. 이런 생각은 대부분 현실과 다르기를 바라는 마음에서 비롯된다.

　우리는 생각보다 남의 일에 자주 관여한다. 특히 사회생활에서 이런 식의 이야기는 흔하다.
"아우, 스트레스받아. 팀장님 진짜 왜 저러시는지 모르겠어."
"윗사람이 저렇게 감정적으로 행동하니 힘들 수밖에."
내가 아닌 누군가의 최선을 생각하는 것은 케이티가 말한 대로 남의 일이지, 나의 일이 아니다. 그것이 그 사람을 위한 배려 차원의 생각이라 하더라도 그것은 결국 나의 바람일 뿐이다. '장기하와 얼굴들'의 재밌는 노래도 있잖은가. '그건 니 생각이고'.
위와 같은 사례들이 나의 일이 아님을 빨리 인정하고 타인의 문제에서 분리되는 것만으로도 스트레스를 상당히 줄일 수 있다. 내가 신경 써야 할 일은 나의 일뿐이다. 다른 일은 신경 쓸 필요가 없다. 천재지변, 집단 바이러스 같은 '신의 영역'도 마찬가지다.

현실을 회피하지 않고 똑바로 보기

결국 '삶=투쟁'이 되지 않으려면 나 자신의 변화가 필요하다. 삶은 언제나 내 마음대로 되지는 않으므로 나는 오직 내 생각과 태도를 바꿀 수 있을 뿐이다. 이런 사실을 받아들이면 삶이 더는 투쟁이 아니게 된다. 이는 불의를 보고도 가만히 수용하라는 뜻이 아니다. 잘못된 일을 바로잡는 일에도 '현실 존중'은 필요하다는 것이다.

현실을 '존중한다'는 것이 무엇일까. 현실 존중은 '있는 그대로 받아들이는 것'을 말한다. '높고 귀하다'라는 뜻을 지닌 한자어 '존중(尊重)'은 상·하 관계적 뉘앙스가 있어 어딘지 어색하게 느껴진다. 하지만 영어의 'Respect'는 다음과 같은 구체적인 뜻을 포함한다.

Respect :

due regard for the feelings, wishes, rights, or traditions of others.

번역하면 '다른 사람(또는 사물)들의 감정, 소망, 권리 또는 전통에 대한 충분한 배려'이다. 위 영문에서 'Others'를 사람과 사물을 모두 아우르는 개념으로 본다면 이것이 '현실'이다.

현실에 대한 '충분한 배려'. 이 얼마나 따뜻하고도 멋진 말인가.

게다가 여유가 있고, 기품 있기까지 하다. 실제로도 그렇다. 현실을 존중하는 사람들은 돈, 시간에 상관없이 여유가 있고 기품 있는 모습을 보인다.

《자존감의 여섯 기둥》을 쓴 너새니얼 브랜든은 '자존감이 높은 사람은 본질적으로 현실 지향적'이라고 말한다. 이것은 실험결과로도 증명된다. 자존감이 높은 사람들은 자신의 능력을 현실적으로 평가한 반면, 자존감이 낮은 사람들은 실제보다 과소평가하거나 과대평가하는 경향이 있었다.

  하지만 현실을 똑바로 보기가 어디 쉬운 일인가. 우리 뇌가 반복을 좋아하는 탓에 어떤 상황에서는 평정심을 유지하기가 참 어렵다. 자신의 생각과 현실을 분리하기 전부터 이미 일렁이고 있는 마음을 어떻게 다스리는 게 좋을까.

현실을 생각하다 보면 종종 자신의 마음을 무시할 때가 있는데, 이런 자기 마음에 대해서도 존중이 필요하다. '~해야 해' 같은 마음이 일어날 때 현실이 자신의 기대에 부합하길 바라는 마음을 먼저 헤아려 줄 필요가 있다.

'내 마음은 A이길 바라는데, 현실은 B구나.'

이런 식으로 나 자신을 달래주고 나면 현실을 받아들일 '마음의 준비'가 된다. 마음의 준비가 되면 현실을 회피하지 않고 제대로 볼 수 있게 된다. 즉, 현실 존중은 자기 존중이 토대가 되어야 한다.

현실을 회피하지 않는 태도는 자존감이 높은 사람들의 특
징이기도 하다. 현실을 직시하면 '내가 진짜 싸워야 하는 상황
인지', 아니면 '차라리 에너지를 아끼는 게 나은 상황인지'를 빠
르게 판단할 수 있다. 그리고 자신의 능력 밖의 일, 즉 자신이
어쩔 수 없는 일이라고 판단하면 그 일에 집착하지 않게 된다.
자신이 언제나 모든 것을 만족시킬 수 없다는 사실을 잘 알기
에, 불필요한 스트레스로 마음고생을 할 일도 줄게 된다.

번아웃의 악순환을 피하려면

번아웃에 관해서도 이 같은 태도를 보일 필요가 있다. 번아
웃은 업무 환경이 원인인 경우가 많지만, 결국에는 개인의 문
제로 귀결되는 특징이 있다. 더군다나 업무 환경은 개인이 해
결하기도 쉽지 않기에 회피가 답이라 생각하기 쉽다.
하지만 회피는 근본적인 문제를 해결해 주지 못한다. 비슷한
상황은 언제든 올 수 있고, 그때마다 회피하는 방식을 취하기
도 어렵다. 그렇기에 번아웃의 악순환을 피하려면 다음의 사
실을 인정할 필요가 있다.

▨ 회사라는 곳은 언제나 합리적이고 공정하게 돌아가지는 않는다는 사실

▨ 위의 사실을 인정하지 않고 원칙주의와 완벽주의를 고수한다면 스스로 분노할 일이 많아진다는 사실

▨ 무조건 도피하는 태도는 자신을 위해서라도 좋은 방법이 아니라는 사실

▨ 회사에서 신뢰 관계를 만드는 것은 생각보다 중요하다는 사실

▨ 이를 위해서는 자신감, 지성, 긍정적 생각, 자기인식, 에너지가 필요하다는 사실

▨ 번아웃은 나 한 사람만의 문제가 아니라는 사실

변화무쌍한 삶 속에 회사가 있고, 조직이 있고, 일이 있다. 삶은 기본적으로 '변하는 것'이라고 생각하면 지금 당장은 달갑지 않은 현실이라도 받아들일 수 있다.

미국의 심리학자이자 불교 명상가인 타라 브렉은 '수용은 현재 상황을 당연하다고 동의하는 것이 아니라, 그저 있는 그대로 받아들이는 것'이라 말했다. 이는 '현실과 다투지 말라'는 케이티의 조언과도 일맥상통한다. 또다시 번아웃과 무기력, 우울의 늪에 빠지지 않으려면 현실과 싸우려는 마음의 작용을 멈추고, 현실을 '있는 그대로' 바라보는 연습이 필요하다.

우리가 어떤 일에 스트레스받고 집착하는 이유는 '기대' 때문이다. 하버드대학의 행복학 강의로 알려진 탈 벤 샤하브 교수는 이런 기대조차도 '현실적'이어야 한다고 조언한다.

우리는 자기가 기대했던 이상적 이미지와 현실이 어그러지기 시작할 때 실망한다. 하지만 현실은 말 그대로 '현실'일 뿐 이상이 아니다. 이것을 인정하지 못하면 스스로 성장할 기회를 잃을 수 있다. 삶의 여정이 쭉 뻗은 도로처럼 원활하다면 편하게 목적지에 도달할 순 있을 것이다. 하지만 새로운 풍경과 인연을 만날 기회는 뜻하지 않은 멈춤과 갈림길이 있을 때 나타난다.

지치고 힘든 자신을 헤아리고 존중해 주자. 그리고 현실을 '있는 그대로' 보자. 현실을 제대로 본다면 생각했던 것만큼 최악이 아닐 수 있다. 지금 이 순간 우리가 '할 수 있는 것'을 하자.

예민한 성격은 타고난 기질이지
단점이 아니다

  "난 예민한 사람이 싫어."

나는 종종 친한 사람들에게 이런 고백을 하곤 했다. 나는 예민한 사람이 싫고, 그 이유는 내가 예민하기 때문이라고. 뭔가를 끊임없이 느낀다는 것은 너무나 피곤한 일이었다. 시각, 청각, 촉각, 미각, 후각 뭐 하나 빠짐없이 감지하는 나의 민감성은 무척 성가시고 귀찮은 존재였다.

원치 않는 소리, 원치 않는 냄새, 보고 싶지 않은 것들을 조금만 덜 지각할 수 있다면 삶이 훨씬 편할 것 같았다. 그렇다고 이 성가시고 귀찮은 민감성을 없애 버릴 수도 없었다. 세상의 다양한 자극을 선별해서 피할 수도, 감각의 날을 무디게 할 수도 없었다.

예민한 성격이 싫어질 때

실은 나도 누군가로부터 "난 예민한 사람이 싫어"라는 말을 들은 적이 있다. 내게 직접 한 말은 아니었지만, 도둑이 제 발 저리듯 그 말이 나의 뇌리에 꽂혔다. 예민한 청력만큼 타인의 반응에도 민감하던 나는 이 말에도 민감하게 반응했다.

'뭐지? 혹시 일부러 나 들으라고 하는 말인가?'

좀 더 들어 보니 '예민한 사람은 신경질적이고 별거 아닌 일로 따지기에 피곤하다'라는 의미였다. 그런 의미를 알고 나서 나는 자연스레 이런 생각을 하게 되었다.

'혹시 내가 그랬던 적 있었나? 대부분 그냥 참고 말을 아꼈던 것 같은데. 설마 내 얘기는 아니겠지.'

예민한 사람이 싫다는 말이 나를 향한 것이든 아니든 중요하지 않았다. 단지, '세상은 민감성을 좋아하지 않는다'라는 생각을 의식하게 되었다. 그에 뒤따라온 결심은 '타인에게 내 민감성을 들키지 말아야겠다'라는 것이었다.

평소 나 자신도 민감성을 좋아하지 않았는데, 세상도 별로 좋아하지 않는다는 결론을 내고 나니 나의 민감성이 더 미워졌다. 하지만 아기 때부터 예민하게 만들어진 신경계를 바꿀 방법이 마땅히 찾아지진 않았다.

　민감성을 타고난 사람이 자기 민감성을 싫어하는 것만큼 불행한 일도 없다. 자존감은 자신에 대한 무조건적 사랑을 먹고 자라나기 마련이니까. 민감성이 드러나는 순간마다 자신을 미워하니, 자존감이 자랄 리 없었다.
그런데도 나는 민감성이 아우성칠 때마다 무시하고, 타이르고, 화내고, 따지면서 민감성을 숨기려 애썼다. 민감성을 제외한 나의 다른 것들만 사랑하며 자존감을 높이겠다는 의도였다. 하지만 이는 '나는 너를 사랑하지만 결국 민감해서 싫어'라고 하는 것과 다름이 없었다. 그것은 자존감에 대한 무지에서 비롯된 '자기기만'이었다.

　자존감이 높은 사람이었다면 나와 같은 상황에서 '뭐, 싫어하라지. 나는 내가 좋아'라고 했을지 모른다. 하지만 나는 단 한 번도 그런 생각을 못 했다. 애초에 민감성을 좋아하지 않았고, 누군가에게 민폐 끼치고 싶지 않다는 생각 때문이었다. 하지만 민감성을 의식하면 할수록 스스로 상처받는 일이 반복되었다. 때로는 서럽고 분했다.

'나는 왜 내 본성대로 살아가지 못 하나. 왜 싫다고 말을 못 하나. 원하지 않는다는 말이 이리도 힘든가.'

사소한 문제도 끙끙 앓는 자신이 무능해 보였고, 때론 스스로에 대한 심한 죄책감을 느꼈다.

부정적이기만 한 기질은 없다

그러던 어느 날, 그간 나의 자존감에 악영향을 주고 있었던 생각들이 깨지는 계기가 찾아왔다. 우연히 도서관에 갔다가 UCLA 정신과 교수인 주디스 올로프의 《나는 초민감자입니다》라는 책을 발견한 것이다. 책 제목을 보자마자 '초민감자'가 바로 나라는 생각이 들어 곧바로 대출해 와서 읽기 시작했다. 그녀의 책을 읽으면서 나는 놀라움을 금치 못했다. 그녀가 정의한 바에 의하면 나는 '완전한 초민감자'에 속했다. '초민감자 테스트'의 거의 모든 항목에 '그렇다'라고 답했던 나는 민감함의 끝판왕, 그냥 민감한 수준이 아니라 '완전한 초민감자'였던 것이다.

완전한 초민감자라는 사실이 충격적이긴 했지만 어쨌든, 그 책은 '초민감자'에 대한 책이 아닌가. 이제 어떻게 살면 좋을

지 그녀가 안내할 참이었다. 그녀가 말하는 초민감자란, 요약하면 이런 특징이 있었다.

- 남들보다 특별히 예민한 신경을 가지고 있다.
- 숨은 뉘앙스를 남들보다 잘 파악한다.
- 풍부한 상상력과 활발한 내면세계를 가졌다.
- 타인의 감정에 잘 공감한다.
- 동·식물, 자연과 친밀하게 교감하고 그 속에서 편안함을 느낀다.
- 큰 그림을 본다. 이상주의자다.

신경계가 예민하다는 것 외에 특별히 이상한 특징은 없어 보였다. 하지만 이런 특징들은 다음과 같은 의미로 해석될 수 있었다.

- 남들보다 특별히 예민한 신경을 가지고 있다.
  → 그래서 체력적으로 쉽게 탈진한다.
- 숨은 뉘앙스를 남들보다 잘 파악한다.
  → 그렇게 받아들인 정보는 내면 깊은 곳에 입력된다.
- 풍부한 상상력과 활발한 내면세계를 가졌다.
  → 이것이 외부 세계에 대한 무수한 사고를 불러일으킨다. 그 결과 과도한 자극을 받고 과부하가 걸린다.

리셋, 다시 나로 살고 싶은 당신에게

■ 타인의 감정에 잘 공감한다.

→이런 이유로 정서적 소진감을 자주 느낀다.

생소하지만 충분히 공감할 수 있는 내용이었다. 누군가가 나에 대해 깊이 분석한 결과를 말해 주는 듯했다. 내가 피로감을 자주 느끼는 원인은 단순히 체력이 약해서가 아니라 '과도한 자극' 탓이었다. 실제로 체력검사를 하면 결과도 나쁘지 않았다.

숨은 뉘앙스를 잘 아는 까닭에 예술 작품이나 난해한 영화도 잘 이해하고 감동했다. 누군가의 은유적인 비난도 쉽게 간파했다. 그리고 이런 것들이 오래 기억되었다.

상상력이 풍부한 탓에 창의적인 아이디어가 많았지만, 쓸데없는 걱정도 잘했다. 그래서 특히 더 즐거워하면서도, 특히 더 힘들어했다.

모든 일에는 장단점이 있기 마련이다. 하지만 나는 민감성의 장점에 대해선 생각해 본 적이 없었다. 그동안 '민감성=피곤한 것, 까칠한 것, 남들이 싫어하는 것'으로, 언제나 부정적 측면만 보고 민감성을 미워했다.

하지만 분명 민감성에도 긍정적 측면이 존재한다는 사실을 깨달은 이상 이제는 자신에 대해, 내 자아에 대해 다시 정립할 필요가 있었다. 더는 나 자신의 민감성을 억누르지 않음으로써 내 개성을 살리면서 행복하게 살아갈 방법을 생각하는 것이 바람직했다.

우리는 자신의 타고난 기질을 미워하기 전에 무의식에 자리한 편견부터 지울 필요가 있다. 어쩌면 우리가 둥글다고 믿고 있는 사람들 역시 지금과는 다른 모습으로 태어났을지 모른다. 둥글둥글한 삶이 좋아서 스스로 깎고 굴리는 것은 개인의 자유지만, '모났으니 둥글게 다듬어야 한다'라는 생각은 스스로의 자존감을 위해서도 바람직하지 않다.

둥글둥글한 사람을 좋게 보는 시각에는 둥글면 서로가 충돌해도 덜 다친다는 전제가 깔려 있다. '좋은 사람'이라 여겨지는 사람들은 모두 '타고난 동그라미'가 아니라 '둥근 보호막'을 가졌다고 보면 어떨까. 둥근 보호막이 자신의 모서리를 지킴과 동시에 타인의 모서리도 다치지 않게 한다고 말이다.

단지 내게 맞지 않는 환경일 뿐이다

노력해도 자신의 진짜 모습을 숨길 수 없듯, 타고난 기질도 마찬가지다. 네모로 태어났는데 동그라미로 살기는 어렵다.

리셋, 다시 나로 살고 싶은 당신에게

초민감자로 태어났으면 초민감자로 사는 것이 자연스럽다. 나는 이것을 깨달은 덕분에 많은 사실을 또렷하게 인지할 수 있었다.

초민감자이면서도 초민감자로 살지 않았으니 에너지 고갈을 막지 못했던 것이라는 사실, 에너지가 고갈된 이후에도 자극에 적절히 대응하지 못해 우울증까지 오게 되었다는 사실, 내가 일했던 환경은 애초에 초민감자가 견딜 만한 환경이 아니었다는 사실을.

성균관 의대 전홍진 교수는 자신의 저서《매우 예민한 사람들을 위한 책》에서, '뇌가 감당하지 못하는 수준으로 각성 상태가 계속되면 우울증, 불안증, 불면증이 올 수 있다'고 했다. 즉, 남들이 잘 느끼지 못하는 것도 곧잘 느끼는 초민감자들은 기본적으로 '각성'의 수준이 높기에 그런 질병에 노출될 가능성도 크다는 것이다.

높은 각성 수준을 유지한다는 것은 뇌가 항상 긴장 상태에 있음을 의미한다. 이런 상태에 놓이는 사람은 쉽게 짜증이 나고, 심장이 두근거리며, 잠을 잘 이루지 못한다. 이런 상태에서는 사람들과 잘 어울리기도 쉽지 않다. 때문에 초민감자들은 비교적 좁은 대인관계를 유지하거나 밖에 나가지 않는 것으로 자극을 조절한다.

결국, 민감자들은 자신의 민감성을 잘 관리하고 돌볼 수밖에 없다. 가장 좋은 방법은 되도록 자기와 맞는 환경에 자신을 노출하는 것이다. 초민감자는 쉽게 긴장하고, 긴장이 완화되는 데에도 많은 시간이 소요된다. 그러니 처음부터 긴장할 일을 최대한 줄이는 것이 최적의 방법이다.

자주 언쟁이 벌어지고 긴장감이 흐르는 환경은 초민감자가 가장 피해야 할 곳이다. 이런 사실을 모른 채 나는 언제나 민감성을 무시하는 선택을 해 왔다. 환경 때문에 남들보다 두 배, 세 배 스트레스를 받는 경우가 허다했지만, 이것이 일상이었기에 당연한 것으로만 생각했다.

앞서 소개한 주디스 올로프 교수에 의하면, 전 세계 20%가량의 사람들이 높은 민감성을 타고난다고 한다. 이런 사람들은 다음과 같은 환경과 잘 맞지 않는다고 한다.

- 대규모의 사람들과 대면하는 환경
- 출장 등 이동이 많은 업무
- 정치, 관리, 변호사 등 고도의 긴장감과 외향성이 필요한 직업
- 관료적이고 전통적 기업 문화
- 경쟁이 심한 분위기

반면, 민감한 사람들은 다음과 같은 환경에서 자신의 능력을 크게 발휘할 수 있다고 한다.

- 자율성이 높은 소규모 회사
- 자연과 가까운 조용한 분위기
- 발명, 예술, 작가 등 자신의 개성과 창의성을 발휘할 수 있는 일
- 시간제 근무 또는 재택근무
- 인간적이고 우호적인 환경

놀랍게도 나는 초민감자와 전혀 맞지 않는 환경에서 10년 정도 일했다. 몇 번의 이직이 있었지만 1년 남짓 다녔던 스타트업을 제외하고는 대부분 크게 다르지 않은 환경이었다. 보수적이고 경직된 조직, 남성 중심의 직장문화, 잦은 출장과 파견근무, 끊임없이 자신을 증명해야 하는 분위기 속에서 나는 서서히 병들어갔다. 특히 직장에서 '하라면 그냥 해'라는 상황과 분위기를 유난히 힘들어했다. 개인의 의견이 철저히 무시되는 데서 오는 좌절감은 마음의 상처를 남기고 자존감을 뒤흔들었다.

기질은 타고난 성향이지 '문제'가 아니다

민감성이 높은 사람들은 자극이 없는 환경에서 방해받지 않고 일할 때 높은 능력을 발휘한다. 당장 회사를 그만두거나 업무를 바꿀 수 없다면 조금이라도 자신에게 이로운 방법을 생각해 보는 것이 좋다. 회사에 있는 휴식 공간을 이용하거나 근무 시간을 조절해 보는 방법도 있다.

나의 경우 사무실의 어수선한 분위기를 견디기 힘들 때마다 휴게실에서 잡지를 보거나, 건물 밖으로 나가 커피를 사 오는 것으로 정신을 가다듬곤 했다. 일시적이긴 해도 효과가 있었다. 사람이 별로 없는 공간이나 시간대를 찾는다면 민감성을 조금이나마 가라앉힐 수 있다.

자신이 무엇을 좋아하는지, 하고 싶은 게 무엇인지 잘 모르더라도 기질에 맞는 일은 분명 존재한다. 평소 자기가 어떤 환경에서 무슨 일을 할 때 잘 해낼 수 있었는지 생각해 보자. 물고기는 물에서, 낙타는 사막에서 살아야 하듯 우리가 더 잘 살 수 있는 환경은 따로 있다. 어떤 사람은 도시에 있을 때 살아있음을 느끼고, 어떤 사람은 자연 속에서 에너지를 얻는다. 기질에 맞는 일을 하기 위해선 무엇보다 내가 어떤 사람인지

리셋, 다시 나로 살고 싶은 당신에게

아는 것이 중요하다.

그동안 자신의 높은 민감성을 숨겨 온 사람이라면 자기 재능을 마음껏 발휘하지 못하고 살아왔을 가능성이 크다. 현재 당신이 있는 곳에서 신체적, 정서적 한계를 자주 느끼고 있다면, 그것은 비단 당신만의 문제가 아닐 수 있음을 기억하자. 앞에서 이야기했듯 기질은 타고난 성향이지 '문제'가 아니다. 당신이 최대한 집중할 수 있는 환경을 만나면 불필요한 스트레스에서 벗어남은 물론, 남다른 통찰력을 바탕으로 자신만의 독창적인 결과를 낼 수도 있다.

"김 과장, 메일 아직 안 봤지? 고객사에서 칭찬 일색이던데. 어떻게 그런 보고서를 보낼 생각을 했지?"
"저희가 마케팅 전문은 아니지만, 결국 고객사에서는 '잘 팔리는 걸' 원하지 않을까 싶어서요."
"아주 잘했어. 김 과장이 가만 보면 통찰력이 좋아!"
스스로 밉게 여기던 자신의 일부분이 누군가에겐 장점으로 보일 수 있다. 그 장점을 나 자신이 알아주지 않는다면 세상 누구에게도 자신의 진짜 모습을 호소하기 어렵다. 자신을 깊이 사랑할 수도, 자존감이 자랄 수도 없다.

"너 엄청 민감하구나?" 누군가 나의 민감성에 관해 이야기한다면 거기에서 나의 특성을 찾을 수도 있을 것이다. 프랑스의 천재 시인 샤를 보들레르는 말했다.

"인간의 민감성을 절대 멸시하지 마라. 민감성은 곧 천재성이다."

리셋, 다시 나로 살고 싶은 당신에게

[05]

진정한 이타심은
건강한 자존감에서 나온다

나는 항상 자존감을 의식하며 살지는 않지만, 종종 모르는 누군가에게서 건강한 자존감을 느낄 때가 있다. 그런 사람을 만나면 짧은 만남에도 기분 좋은 에너지가 전해져 온다. 선하고도 또렷한 눈빛을 통해, 편안하고 온화한 표정을 통해, 찰나에 발현되는 호의를 통해.

이런 사람들의 간결한 말투, 자연스러운 친절에는 억지스러움이나 긴장이 없다. 자신감 있는 걸음걸이, 우아하고 여유로운 손동작, 편안하고 생기가 있는 얼굴을 보면 나도 모르게 미소가 지어진다.

모두가 바쁜 각박한 세상에서 배려와 기다림의 미덕을 아는 사람, 다니는 곳곳마다 긍정과 감사의 마음을 전이시키는 사람. 이런 사람, 혹시 당신 주변에도 있는가.

언젠가 나는 이런 사람을 약국에서 만난 적이 있다. 대학병원 앞의 약국은 무릇 전쟁터라 할 만큼 사람들로 북적인다. 병원 밖에서 약을 구해야 하는 몇몇 외래환자들은 다른 약국에서는 처방된 약을 구하기 어렵기에 진료를 마치고 그곳으로 오게 된다. 그래서 그곳은 매번 갈 때마다 엄청난 인파를 이루고 있다. 그날도 접수를 위해 번호표를 뽑고 길고 지루한 대기시간을 기다리던 중 마침내 내 번호가 호명되었다.
"103번 고객님!"
대기석에 앉아 있던 나는 접수대로 걸어갔다. 그 순간 어떤 아주머니가 내 앞을 가로막고 접수대에 섰다. 그녀는 자신이 잠깐 나갔다 들어온 사이에 자기 번호가 호명되었다며 다짜고짜 접수원에게 처방전을 내밀었다. 접수원은 호명 번호에 맞춰 온 나를 무시하고 그녀의 접수를 받았다. 잠시 당황한 찰나, 바로 옆 접수창구에서 다음 순번인 104번이 호명되었다.

"104번 고객님!"
"저, 103번 안 했는데요?"
나는 옆 창구로 다가가 물었다. 그러자 그녀는 심드렁한 목소리로 말했다.

"그건 거기서 해결하세요."

"네? 순서대로 하라고 번호표가 있는 거 아닌가요?"

"아, 그러니까 거기서 하시라고요."

"아니, 지금 여기는 다른 분이 접수하고 계시잖아요. 103번을 못했으면 그 창구에서 103번을 하는 게 맞지 않나요? 왜 104번이죠?"

·━·━·━·

번호표를 뽑는 방식은 은행이나 푸드코트 같은 곳에서도 종종 혼선을 초래했다. 흔히 있는 일이었다. 하지만 나는 약국 접수원의 태도가 이해되지 않았다. 내 앞을 가로막은 아주머니는 뭔가 문제가 있는지 접수에 상당한 시간이 소요되는 듯했다. 그러던 중, 104번 번호표의 주인이 다가왔다. 50대 후반의 남성이었다. 그는 온화한 미소를 지으며 내게 말했다.

"103번이세요? 먼저 하세요."

그는 상황을 모두 이해하는 듯 간결하게 말했다. 심드렁하던 접수원은 그제야 내 처방전을 받아들었다. 나는 그에게 가볍게 인사를 건넸다. 배려와 여유가 느껴지는 그의 미소를 보자 서서히 올라오던 짜증이 누그러졌다.

반면, 접수원은 그 이후에도 모든 과정에서 비협조적인 태도를 보였다. 잠시였지만 그녀와의 대면은 내게 상당한 불쾌감을 주었다. 나는 그런 그녀에게 별다른 감정적 태도를 보이지 않았지만, 이런저런 생각이 들었다.

'특별히 내 잘못도 아닌 듯한 이 상황에서 내가 어떤 반응을 보이는 게 나을까? 대응할 가치는 있는 걸까?'

모든 사람에게 잘 대할 필요가 없다는 사실을 알면서도 가끔은 애매할 때가 있었다. 상대를 그냥 이해하고 넘어가면 되는 일을 더 어렵게 만드는 건 아닌가 하고 말이다. 하지만 자존감에 대해 깨닫게 된 이후, 그때 좀 더 분명한 태도를 보여야 했음을 깨달았다.

이타심은 자기 존중을 토대로 한다

건강한 자존감을 지닌 사람들은 타인에 대해 관대하고, 공정함을 보인다. 이들이 이러한 이타심을 발휘할 수 있는 이유는 '자기 존중'을 토대로 상대방을 존중하기 때문이다.

우리는 종종 누군가의 이타심을 남을 위해 자신을 '희생'하는 마음으로 여긴다. 하지만 희생은 모두에게 좋은 방식은 아니다. 성숙한 사람들의 이타심은 그 순간의 이익과 별 관련이 없다. 그렇기에 이타심을 자신을 희생하는 방식으로 생각하지 않는다. 역지사지의 태도, 협조적인 마인드가 몸에 배어 있는 까닭에 그저 자신뿐 아니라 타인에게도 좋은 선택을 했을 뿐이다.

희생이 전제되지 않은 건강한 이타심을 발현하기 위해서는 적절한 자기주장도 필요하다. 이에 대해 하버드대학 심리학과 교수 하워드 가드너는 다음과 같이 조언한다.

"누군가 당신을 과하게 질책한다면 적당히 되받아칠 줄 알아야 한다. 그에게 당신을 비난하거나 탓할 권리가 없다는 메시지를 똑똑히 전하라."

건강한 이타심을 가진 사람들이 부당한 상황에서 자기주장을 펼칠 수 있는 이유는 자신이 '상황을 제어할 수 있다'고 믿기 때문이다. 이런 믿음은 자기 자신이 누군가의 행복에 이바지하거나 세상에 좋은 영향력을 발휘할 수 있다는 믿음과 확신에서 나온다.

심리학에서는 이것을 '자기 효능감(self-efficacy)'으로 설명한다. 자기 효능감은 자신의 능력에 대한 믿음, 삶의 주체가 나라는 느낌, 스스로 삶을 통제할 수 있다는 느낌을 의미한다.

내 삶은 나의 것이기에, 자신의 삶을 주체적으로 살아간다는 건 어찌 보면 당연한 일이다. 하지만 우리 사회에는 자신의 삶을 어딘가에 저당 잡힌 듯 수동적으로 살아가는 사람들이 더 많은 듯하다.

나의 장단점 객관적으로 따져보기

자기 효능감을 갖기 위해서는 우선 자신을 객관적으로 볼 필요가 있다. 자신의 장단점을 최대한 객관적으로 따져 보는 것이다. 이를 위해 종이를 한 장 준비하고 적어 보자.

먼저 나의 장점을 쓴다. 장점이 없는 사람은 없다. 나는 무엇을 잘하는가? 자신의 어떤 점을 좋아하는지 써 보자. 다수에게 들었던 칭찬이나 자신이 세상에 증명해 보인 성과도 괜찮다. 객관적으로 나의 장점이라고 생각하는 것을 떠오르는 대로 써 본다. 열 개 정도 적는 것이 이상적이지만, 처음엔 잘 떠오르지 않기 때문에 최소 다섯 개 이상 쓰기를 목표로 한다. 다음 예시를 한번 보자.

[나의 장점]

■ 나는 노래를 잘하는 편이다. 나는 노래로 누군가를 감동하게 할 수 있다.

- 나는 말의 뉘앙스를 잘 파악한다. 이것은 말하기나 글쓰기에 도움이 된다.
- 나는 그림을 잘 그린다. 무엇이든 수준급으로 그릴 수 있고, 그 래픽 툴도 잘 다룬다. 누군가에게 그리는 법을 가르쳐줄 수도 있다.
- 나는 내가 무엇을 좋아하는지 잘 안다. 좋아하는 일을 통해 행복감을 느낀다.
- 나는 이상주의자임과 동시에 현실 감각이 있다. 나는 꿈이 있고, 그 꿈을 현실화할 방법을 고민할 줄 안다.

장점을 다 쓰고 나면 자신의 단점을 써 본다. 참고로 부정적 감정에 익숙해져 있는 사람은 자신의 단점을 더 쉽게 쓴다. 장점과 마찬가지로 다섯 개 이상 써 보자.

[나의 단점]

- 기분대로 행동하려는 경향이 있다. 나의 즉흥성이 때론 누군가를 피곤하게 한다.
- 어떤 자극에 쉽게 위축된다. 에너지가 쉽게 떨어지고, 의욕을 잃기도 한다.
- 외국어에 관심이 많지만 잘하기 위해 꾸준히 노력하진 않는다.

게으른 것 같다.

■ 나는 종종 말의 뉘앙스에 집착한다. 그래서 스트레스를 잘 받고 상처도 잘 받는다.

■ 나는 불가피한 일에도 종종 자괴감에 빠진다. 너무 자책하고 실망한다.

이렇게 나의 장단점을 하나씩 써 보면 자신에 대해 좀 더 깊이 생각해 볼 수 있다. 당신은 무엇을 잘하고, 무엇을 못하는가. 어떤 점이 좋다고 느끼며, 어떤 점이 문제라 생각되는가. 그 생각을 뒷받침하는 근거도 생각해 보자. 무언가를 잘 '못한다'라는 것은 잘할 필요가 굳이 없어서, 그것을 선호하지 않아서, 기질적으로 맞지 않아서일 수도 있다.

이 작업은 스스로 쓰는 것이기에 완전한 객관화는 불가능하다. 단점이 장점이 되기도 하고, 장점이 단점이 되기도 해서 명확하게 구분되지 않는 것도 있다. 다만 이 작업의 목적은 자신을 한 발짝 떨어져서 들여다보는 데 있다는 점이 중요하다.

나의 선한 영향력을 키우는 방법

우리가 장점이라 적은 것은 스스로 잠재력을 발휘할 수 있

　리셋, 다시 나로 살고 싶은 당신에게

는 부분이다. 스스로 만족스럽지 못한 부분을 떠올리며 체념하기보다는 내가 주도적으로 할 수 있는 장점들에 집중하는 것이 좋다. 자신의 장점을 적어서 눈에 잘 띄는 곳에 붙여두고 수시로 보면 자존감 회복에 도움이 된다. '내가 할 수 있는 것은 많아'라는 생각이 들 것이다.

단점은 그 이후의 문제다. 자존감이 어느 정도 회복되면 나의 단점도 객관적으로 들여다볼 수 있다.

내가 잘할 수 없는 일은 빠르게 포기하고, 내가 잘할 수 있는 일에 집중하는 것도 자기 효능감을 높이는 전략이 될 수 있다. 자기 효능감은 우리가 겪은 성공과 실패 경험에 영향을 받는다. 다양한 성공과 실패를 맛보다 보면 어떤 일이든 할 수 있고, 또 실패해도 괜찮다는 마음이 생긴다.

이렇게 자신의 영향력을 행사하고 싶은 마음이 생기면, 그것이 이타심으로 이어진다. 내가 약국에서 만난 104번 남성의 배려처럼, 우리의 이타심은 일상적이고 사소한 것들에서 발현된다. 자신의 선한 영향을 발휘해 보자. 스스로 근사해지는 느낌을 받을지 모른다. 자신의 선한 영향력을 몸소 느낄 때, 건강한 이타심이 서로를 향할 때, 우리의 자존감은 차오른다.

[06]

내가 진짜 중요하다고 믿는
가치를 위해 살아가기

　"너 퇴사한 거 후회 안 해? 아깝지 않아?"
친구들은 가끔 나의 안부를 물으며 이런 질문을 덧붙인다. 그러면 나는 아무렇지도 않게 답한다.
"응, 그럴까 봐 못 그만둔 거였는데 지금은 홀가분하고 좋아."

　대학원을 졸업하고 스타트업, 전문 에이전시, 외국계 중견기업, 대기업에 이르기까지 다양한 커리어를 차곡차곡 쌓아오던 나를 지켜보았던 친구들은 의아해했다. 욕심 많고 야망이 커 보였던 한 사람이 어느 순간 크게 아프다가 확 변했다고 느끼는 듯했다.

물론 약간의 노력을 기울이면 원하는 회사를 찾아갈 수도 있었다. 삶의 질을 높일 수 있는 회사. 하고 싶은 일과 잘할 수 있는 일, 이 두 가지를 모두 만족시킬 수 있는 회사. 그러면서도 나의 건강을 지켜 줄 만한 회사를 찾으면 전처럼 건강하게 일할 수 있을지 모른다고 생각하기도 했다.

회사는 우리의 성취에 관심이 없다

하지만 직장인으로 오래 일해 보면 알게 된다. 회사는 나의 직업적 성취와 건강에 별 관심이 없다는 사실을. 차라리 기대를 놓는 편이 낫다는 사실을.

과거의 나는 이런 사실을 몰랐다. 이전 회사에서 번아웃으로 퇴사 후 곧바로 이직을 준비했던 나는 '여성 근로자를 배려하는 기업'이라는 타이틀을 가진 회사에 들어갔다. 복지가 좋다는 평판에 별 고민 없이 들어간 회사는 어떤 부분에선 나의 기대를 충족했고, 어떤 부분에서는 기대와 크게 달랐다.

특히 업무가 그랬다. 생각지 못했던 방식으로 진행되는 업무는 어느 정도 익숙해진 후에도 성취감을 주지 못했다. 적어도 일에 '재미'를 느낄 수 있었던 이전 회사가 차라리 나을 지경이었다.

보통의 대기업 중간관리자들이 그러하듯, 나는 그 회사에서 직접 실무를 하기보다는 주로 외부 업체에 위탁하고 관리하는 업무를 했다. 디자인이면 디자인업체에, 개발이면 개발업체에 외주를 줘서 일을 진행하는 식이었다. 직접 뭔가를 만들어 내는 업무는 보고서 작성 정도였다.

담당자로서 업체에 과제를 던지고, 확인하는 업무가 매일 이어졌다. 그러던 와중에 이전 회사에서 진행했던 프로젝트가 어느덧 제품화되어 광고되고 있었다.

"선배, 혹시 이 광고 알아요? 이게 예전에 프로젝트할 때 제가 낸 아이디어거든요. 이게 실제로 세상에 나올 줄 몰랐네요."

"정말? 멋지다."

"재밌게 했던 프로젝트였는데, 이렇게 광고로 보니 기분이 좀 이상하네요."

"그러게, 넌 여기 있기 좀 아깝다는 생각이 든다."

"그건 선배도 그래요."

선배에게 내 마음을 들켜 버린 듯했다. 어쩌면 애초에 하소연하고 싶어서 선배에게 광고를 보여 줬는지도 모른다. 나와 마찬가지로 경력직으로 입사한 그녀는 우연히도 같은 고등학교, 같은 대학교 선배였다. 회사까지 같은 곳을 다니고 있으니 대단한 인연이 아닐 수 없었다.

상사는 우리를 부서의 '양대산맥'이라 부르며 해당 분야에서 실력을 갖춘 전문가로 여겼다. 그 덕에 '실력 있는 인재를 영입해 부서의 전문성을 확보하는 것'이 채용의 목적이었다는 이야기를 한 시간 동안 들어야 했다. 능력을 인정해 주는 것은 감사한 일이었다. 하지만 그와 별개로 하고 싶은 일을 할 기회는 좀처럼 주어지지 않았다.

　'하, 정신이 하나도 없네. 예전 회사는 바빠도 재밌기라도 했는데, 여기는… 어휴. 다니다 보면 기회가 있겠지.'
이렇게 스스로를 다독이며 인내하고 기다렸지만 내가 기대하는 업무는 주어지지 않았다. 해마다 임원이 교체되고 업무 수행 방식도 조금씩 바뀌는 듯했지만, 자율성을 가지고 일에 푹 빠질 만한 업무는 주어지지 않았다.
상사도, 나도 서로 원하는 것을 들어주기 위해 분명히 노력하기는 했다. 나는 입사 초기부터 상사에게 내가 잘할 수 있는 일에 대해 어필했고, 상사 역시 나의 능력을 발휘할 수 있는 일을 주고 싶어 했다.

내 문제를 풀 실마리는 내 안에 있다

하지만 물고기를 잘 잡는 실력이 있더라도 사막에서 물고기를 잡을 수는 없는 일이었다. 내가 기대하던 일을 하기에는 회사의 규모나 조직 구성, 업무 수행 방식 자체가 달랐다. 가뭄에 단비처럼 가끔 내가 원하는 것과 비슷한 업무가 주어지기도 했지만 큰 성취감을 얻을 수는 없었다.

결국 나는 사막에서 오아시스를 찾는 일도, 물고기를 잡는 일도 포기했다. 그저 주어진 일에 최선을 다했다. 내가 물고기를 잘 잡는다는 사실도, 물고기를 잡는 기쁨도 그렇게 서서히 잊혀 갔다. 그러다 또다시 번아웃이 왔고, 결국 모든 것을 멈추어야만 했다.

세상과 나와의 균형을 잃어버린 까닭에 나는 아슬아슬한 외줄 타기를 끝내지 못하고 깊은 나락으로 떨어졌다. 구사일생으로 어딘가를 붙잡고 살아났다면 이제는 같은 실수를 반복하지 않아야 했다.

하지만 공들여 쌓아온 커리어는 엉망이 된 듯했고, 나이도 벌써 30대 중반이 되어 버렸다. 다른 회사를 알아보거나 이전 직장의 상사에게 연락해서 재취업 의사를 밝혀보는 것 외에 별다른 방법이 없어 보였다. '이제 나는 어떻게 해야 하나?' 하는 생각이 머릿속을 가득 메웠다.

어떤 문제가 계속해서 반복된다면, 분명 나에게 문제가 있는 것이었다. 생각을 거듭할수록 회사는 단지 '회사'일 뿐이었다. 회사의 이런 점이 싫다고, 상사의 이런 점이 마음에 들지 않는다고 불평해 봤자 회사는 회사고 나는 나였다.
문제 해결의 실마리는 나에게 있었다. 회사는 내 마음대로 되는 것이 아니므로. '문제를 만든 그 생각으로는 절대 문제를 풀 수가 없다'라는 아인슈타인의 말처럼, 그 문제를 해결하지 않고 다시 회사에 들어간다면 같은 문제가 일어날 게 분명했다.

결국엔 원점으로 돌아가 자신에 대해 다시 생각하는 시간이 필요했다. 회사원이 아닌 나, 온전히 나다운 나를 생각해야 했다. 직업적 커리어, 연봉, 학위, 출신학교, 모든 것을 내려놓고 새로 시작해야 했다.
먼저 '이 모든 것들을 내려놓는다면 나한테 뭐가 가장 중요하지?'라는 문제에서 시작하기로 했다. 이 문제를 고민하기 위해선 그동안 쌓아왔던 것들이 모두 '아깝지' 않아야 했다. 회사가 나에게 필요한 것을 줄 수 없다는 전제가 성립되어야 했다.

내게 정말 중요한 가치는 무엇인가

　자신의 인생에 의문이 든다면 '내가 중요하게 생각하는 가치'가 무엇인지 생각해 봐야 한다. 곧바로 생각나지 않는다면 종이에 써 나가는 방법을 추천한다. 아무것도 없는 백지를 '나'라는 영토라고 생각하고, 그 영토에 기둥을 하나씩 세워 보는 것이다. 종이에 쓰는 이유는 무의식적 생각을 눈으로 직접 보고 '자각'하기 위함이다. 중요한 것일수록 명확하게 보고 기억할 필요가 있다. 우리 뇌가 그렇다. 자주 보고, 듣고, 말하고, 써야 중요하다고 인식한다.

　나는 가장 먼저 '건강'이라고 썼다. 그동안 젊음을 믿고 등한시해 왔던 가치였다. 너무나 건강했던 사람들이 어떤 병을 계기로 평생 건강을 의식하며 살게 되듯이, 나 역시 몸과 마음의 건강을 의식하지 않을 수 없는 상태에 이르렀다.
다음은 '사랑'이라 썼다. 자존감을 의식한 단어였다. 모든 것을 내려놓은 나, 그런 나를 오롯이 사랑할 수 있어야 앞으로의 삶도 나아갈 수 있다고 생각했다.
그다음은 '정신적 자유'라고 썼다. 뭔가에 얽매이지 않고 가벼운 마음으로 사는 것. 내겐 그것이 중요했다. 중요한 것을 사수하지 못했던 까닭에, 별생각 없이 회사를 선택한 대가로 오랜 시간 경직된 마음을 안고 살게 되었다.

'나는 언제 나다운가?' 나의 경우 정신적으로 자유로운 상태에 있을 때 가장 나다울 수 있었고, 창의성을 발휘할 수 있었다. 그리고 이것이 개인적 성취로 이어질 수 있을 때 행복을 느끼는 사람이었다. 회사에서 그저 주어진 일을 열심히 하는 것은 나와 맞지 않았다. 나답게 살기 어려운 선택이었다.

당신은 삶에서 무엇을 가장 중요하게 생각하는가? 펜을 들고 생각나는 대로 종이에 써 보자. 적절한 단어가 생각나지 않는다면 다음 예시에 있는 가치를 보고 순위를 매겨 보자. 중요도에 따라 1위부터 10위까지 써 본다.

사랑	명예	새로운 변화	책임	창의성
우정	부 (경제적 자유)	용기	사생활 존중	유연함
가족	성취, 직업적 만족	안전	감사함	봉사정신
건강	즐거움	신뢰	절제	시간적 여유
자유	영성	성실	너그러움, 관용	아름다움
독립	솔직함	평등	전통	모험

[중요도에 따른 우선순위 10(예시)]

1. 건강

2. 사랑

3. 자유

4. 성취(직업적 만족)

5. 화목한 가족

6. 용기

7. 부(경제적 자유)

8. 시간적 여유

9. 창의성

10. 독립

이렇게 적어 보면 내가 무엇을 중요하게 여기는지 한눈에 볼 수 있다. 어쩌면 그동안 당신이 강박적이라 할 만큼 의식해왔던 가치들이 우선순위에서 빠져 있을 수도 있다.

나의 경우 이렇게 써 보고 나니 알 수 없는 감정이 밀려왔다. 그동안 덜 중요하게 여겼던 가치에 휘둘려 정작 중요한 것은 등한시한 채 살아온 듯했다. 후회 없는 삶을 위해서는 목표를 다시 세우고 행동할 필요가 있었다.

목표는 가치와 한 방향이어야 한다. 흔히 '가치관에 맞게

리셋, 다시 나로 살고 싶은 당신에게

행동한다'라고 하는 것은, '가치-목표-행동'이 하나로 이어진다는 의미이다. 예를 들어 '가족'이 중요한 가치라고 썼다면 '일주일에 두 번 이상 가족과 시간 보내기'처럼 행동으로 옮길 수 있는 목표를 세워야 한다. '솔직함'이라고 썼다면 자신의 솔직함을 표현할 방법을 고민해 봐야 한다.

'정체성'이라는 주춧돌 세우기

'가치-목표-행동의 축'은 삶의 뼈대가 되어 나 자신을 흔들림 없이 나아가게 한다. 이것이 우리가 '정체성'이라 부르는 주춧돌인 것이다. 인생에 이 주춧돌이 없다면 갑자기 날아든 풍파에 휩쓸려 가는 상황이 생긴다.

나에겐 '성실'과 '안정'이라는 가치가 그랬다. 이 가치들 때문에 '이게 아닌데' 하면서도 회사를 놓지 못했다. 책임감, 배려, 존중, 친절 같은 가치들도 마찬가지였다. 하지만 이런 가치들이 '자기애'라는 가치보다 우선할 수 있을까. 자신을 아끼고 사랑하는 마음 없이는 자신을 온전히 지켜내기 어렵다.

때때로 우리는 현실을 '의식'한다는 이유로 자신을 희생하는 선택을 하곤 한다. 하지만 그 선택이 자신에게 정말 가치 있는 선택인지는 의심하지 못한다. 최우선으로 두었던 가치라도 한순간에 무의미해질 수 있음을 깨닫지 못한다.

머릿속으로 이런저런 셈을 해 보더라도 결국 자신에게 더 중요한 가치에 몸과 마음이 기울게 된다. 그렇기에 삶의 어느 지점에서 잠시 멈춰 서서 생각해 볼 필요가 있다. 내 인생에서 진짜 중요한 가치가 뭔지, 그 가치에 따라 살아가고 있는지.

그런 가치관에 따른 선택과 행동에는 후회가 없다. 그리고 비로소 나다운 나로 사는 가벼움을 느낀다. 스스로에 대한 믿음이 있고 책임질 수 있다면 뭐가 문제겠는가. 커리어가 단절되는 게 큰 문제가 될까. 새로운 일을 해 보는 게 문제가 될까. 자기 삶에서 중요한 가치가 뭔지 알면 삶에서 따라오는 부차적인 어려움은 충분히 극복할 수 있다. 나는 그래서 회사를 그만둔 것이 아깝지 않았다. 실은 아무것도 잃지 않았으므로.

내가 '살 맛 나는 이유' 찾아보기

'입맛이 없다는 건 살맛이 안 난다는 뜻이다.'

몇 해 전 나는 페이스북에 이런 글을 쓴 적이 있다. 직장과 대학원 생활을 병행하며 온몸에 피로가 덕지덕지 붙어있던 시절이었다.

하지만 식욕부진의 원인이 단순히 피로감 때문만은 아니었다. 언젠가부터 출처를 알 수 없는 허무감이 삶의 의욕을 떨어뜨리고 있었다. 그럴 땐 어김없이 입맛이 없었다. 나이와 상관없이 반복되는 패턴이었다.

고등학생 때도 종종 식판에 받아온 밥을 한두 숟갈 뒤적거리다 전부 남기곤 했다. 입맛이 없을 때 뭔가로 배를 채우면 위에서 기분 나쁜 포만감이 전해졌고, 때론 먹은 것을 전부 게워 내야 했다.

몇몇 사람이 나의 페이스북 글에 '좋아요'를 눌렀다. 한 친구는 내 글을 보고 카톡으로 안부를 물었다. 그녀는 나의 안위에 문제가 생긴 거라 확신한 듯했다.

친구: 너 무슨 안 좋은 일 있어?

나: 아니.

친구: 요즘 입맛이 없어?

나: 응.

친구: 살 맛이 안 나?

나: 그런 거 같아. 문득 왜 살아야 하는지를 모르겠다는 생각이 들어서. 뭘 위해 이렇게 아등바등 사는지. 너는 '왜' 살아?

친구: 음, 철학적인 질문이네. 글쎄, 행복하기 위해서?

나: 행복. 그렇구나.

나는 언제 '살아있음'을 느끼는가

나는 그때 친구가 카톡 창에 올린 '행복'이란 단어가 저만치 먼 곳에 있는 꿈의 단어로 느껴졌다. 잘 살려고 애쓰면서 살아온 것 같은데, 그 애씀에는 '잘'만 있고 행복이 없었다. 왜 열심히 살아도 행복해지지 않는 걸까. 이렇게 사는 것이 과연 의미가 있는 일일까.

나 자신에게 '왜 사는가?'라는 질문을 한 것이 그때가 처음은 아니었다. 중학교 도덕 시간에 선생님이 칠판에 '왜 사는가?'라고 쓰고 교실을 천천히 돌며 한 명 한 명에게 물은 적이 있었다.

"반장, 니는 왜 사노?"

나는 이런 선생님의 질문에 별 고민 없이 떠오르는 대로 답했다.

"태어났으니까요."

"태어났으니까 산다? 인과응보네."

"네, 원하든 원하지 않든 태어나면 일단 살게 되니까요."

심드렁한 나의 대답을 들은 선생님은 다소 장난기 섞인 말투로 말했다.

"방금 쟤는 죽기 위해 산다는데?"

"…"

죽기 위해 산다고 답한 아이가 나를 보고 있었다. 곧 수업을 마치는 종이 울렸고 그렇게 수업이 끝났다. 이후의 수업 내용은 기억에 없다. 그저 '왜 사는가?' 하는 질문만 뇌리에 남아 있었다.

대학생이 되어서는 플라톤, 아리스토텔레스, 칸트, 헤겔 같은 철학자의 책을 읽거나 강의를 들었다. 때때로 수업에서 '인간은 무엇으로 사는가'와 같은 토론 수업을 하곤 했지만, 특별히 기억에 남을 만한 답은 없었다.

시간이 흐르고, 30대 중반이 되어서야 깨달았다. '왜 사는가?'에 대한 질문은 '나는 어떨 때 살아있음을 느끼는가?'로 바꾸면 답하기 쉬워진다는 사실을.

나는 살아있다는 느낌을 받을 때, 나라는 사람의 존재를 느낄 수 있었다. 그 느낌의 이유를 알 때, 내가 살아야 할 이유를 어렴풋하게나마 알 수 있었다. 나는 노트에 이렇게 썼다.

> 📖 나는 이럴 때 살아있음을 느낀다:
> - 향긋한 커피 한 모금을 삼킬 때
> - 산을 오를 때, 근육의 뻐근함을 느낄 때, 숲의 냄새를 맡을 때
> - 누군가를 깊이 사랑할 때, 고마움을 느낄 때
> - 뭔가를 깨달을 때, 재미나 감동을 느낄 때, 아름다운 것을 볼 때
> - 가치 있는 일을 할 때

리셋, 다시 나로 살고 싶은 당신에게

아등바등 사는 삶의 고단함에 매여 자신의 존재가치를 잊어버리면 살아야 할 이유도, 삶의 의미도 발견하기 어렵다. 내가 살아있다고 느낀 그 순간에는 잠깐이라 하더라도 '행복'이 있었다. 행복은 잡기 힘든 꿈의 단어가 아니라 매 순간 내 곁에 있는 것이었다.

결국 '왜 사는가?'에 대한 답 역시 명쾌하게 떨어질 수 없었다. 그러니 거창한 답일 필요가 없었다. 그저 살아있을 때의 감동과 즐거움을 최대한 자주 발견할 수 있으면 되는 일이었다.

삶의 포기가 아닌 '태도의 변화'를

우리는 인생에서 더는 기대할 것이 없다고 느낄 때 삶을 놓고 싶어 한다. 하지만 그 순간 필요한 것은 삶의 포기가 아니라, '태도의 변화'가 아닐까.

매 순간 불행과 혐오를 느낀다면 삶은 냉소로 물들게 된다. 불만족스러운 것으로 가득한 세상이 '살맛 나는' 것일 리 없다. 가진 게 많아도 자신의 삶을 염세와 혐오로 바라보면 어떤 상황에서도 불행을 면하긴 어렵다.

반면 삶의 의미를 아는 사람들은 어떠한 상황에서도 견딘다. 《죽음의 수용소에서》를 쓴 빅터 프랭클에 의하면, 우리는 세

가지 방식을 통해 삶의 의미를 찾을 수 있다.

- 무엇인가를 창조함으로써
- 어떤 일이나 사람을 경험함으로써
- 불가피한 시련에 대해 어떤 태도를 보임으로써

당신이 현재 삶에서 의미를 찾을 수 없다면, 그 이유는 의미의 부재가 아니라 당신의 현실에서 긍정적인 면을 보지 못하는 데 있다. 만일 당신이 삶이 행복하다는 확신을 가진다면 특별히 삶의 의미를 찾아 나설 이유도 없을 것이다. 그러니 우리는 무엇이 우리의 삶을 가치 있게 만드는지에 대해 적어도 하나쯤은 알고 있어야 할 것 같다.

지나고 보면 그토록 허무해 보이던 일련의 사건들, 이를테면 매일같이 회사에서 반복되던 감정 소모들, 비싼 학비와 체력 소모를 감당하며 공부했던 시간, 앞뒤 분간 없이 달려들었던 모든 일이 결과적으로 나의 길을 닦아 주었고 정체성의 한 부분이 되었다. 삶의 불확실성과 지리멸렬함에 지치기도 괴로워하기도 했지만, 선택에 확신을 가질 때마다 삶은 조금씩 앞으로 나아갔고 결국은 성취의 경험으로 남았다.

스스로의 힘으로 삶을 통제할 수 있고, 목표를 세우고 나아갈 수 있는 존재. 그런 존재로서 '해야 할 일'이 있다는 것. 그것은 살아가야 할 충분한 이유가 된다. 자신의 삶을 따뜻하게 바라보자. 그 시선이 머무는 곳에, 삶의 의미가 있다.

[6장]
번아웃 예방 솔루션 2 : 삶의 균형 바로잡기

[01]

시간 효율을 극대화하는
슈퍼태스커 되기

시간은 없고 할 일은 많을 때, 우리는 일의 '효율'에 대해 생각한다. 하지만 들인 시간과 노력에 비해 좋은 결과물을 내놓기란 쉬운 일이 아니다. 바쁨에 쫓겨 살다 보면 침착함을 유지하기도 쉽지 않다.

일이 제대로 되어가고 있는지, 기대에 부응하고 있는지, 납기에 맞출 수 있을지. 허덕이는 바쁨 속에서 불안은 우리의 친구가 된다. 시계를 볼 때마다 마음은 점점 더 조급해진다. 아직도 갈 길이 먼데 누군가 자꾸만 내 시간을 도둑질하는 듯하다.

리셋, 다시 나로 살고 싶은 당신에게

시간적 효율이라는 압박감

최선을 다했음에도 결과가 좋지 않을 때가 있다. 일할 땐 별로 내색을 하지 않는 사람이지만 나라고 다르지 않았다. 회사의 이익이 걸린 중요한 제안을 할 때나 결과 보고서를 만들 때 특히 그랬다.

'젠장, 저 그림이 왜 교체가 안 되어 있지? 분명 뺐는데.' 완벽을 기하기 위해 그렇게 노력했건만, 막상 중요한 자리에서 허술함이 드러나곤 했다. 장시간 일하다 보니 집중력이 흐려진 탓이었다. 그럴 때마다 심한 수치심으로 몸이 오그라들었다. 왜 좀 더 미리미리 하지 못했는지, 그토록 준비하고 애써 왔음에도 왜 그 정도밖에 하지 못했는지 등의 자괴감으로 몸서리를 쳤다.

특히 상사나 지도 교수로부터 지적을 받는 날에는 자신감이 바닥을 쳤다.

"이건 왜 이렇게 했죠?"

"아, 그건 정리해서 따로 넣으려고 했는데요. 시간이 없…."

"시간? 방금 시간이라고 했어요? 어디 가서 그런 말 하지 마세요. 없어 보입니다!"

회사든 학교든 '시간'을 언급하는 것은 프로답지 못한 태도로 통했다. '시간이 없다'라는 말은 금기어나 다름없었다. '주어진 시간이 짧았다', '할 게 너무 많았다' 등 어떤 표현이든 마찬가지였다. 시간을 지키지 못하는 것은 약속을 어기는 것이었고, 기본이 안 되어 있음을 뜻했다. 그럼에도 나는 얼떨결에 '시간이 없었다'라는 말을 내뱉고 말았다.

극심한 피로로 잠시 이성의 끈을 놓은 순간, 변명을 통해서라도 속마음을 말하고 싶었던 걸까. 사람들 앞에서 '없어 보이는' 수치심을 견뎌야 했던 나는 그 이후로 '효율'에 집착하기 시작했다.

그나마 개개인의 능력을 빠르게 파악하는 편이어서 팀원들의 능력치를 고려해 업무의 효율을 높일 수 있었다. 문서 작업은 정리를 잘하고 손이 빠른 동료에게, 해외 자료 리서치는 외국어를 잘하는 동료에게 맡기는 식이었다. 하지만 중간관리자 업무상 전체 일정을 챙기는 일만은 피할 수 없었다.

스스로 일을 못하지 않는다고 생각했음에도, 시간에 대한 트라우마는 언제나 나를 전전긍긍하게 했다. 데드라인이 다가올수록 커지는 불안감은 때때로 지지부진한 비효율을 낳았다. 한 주 내내 야근하고도 끝내지 못한 일들이 주말까지 이어지기도 했다. 일에 진척이 없었지만 데드라인 내에 끝내야 할 일

리셋, 다시 나로 살고 싶은 당신에게

들은 끝도 없이 쌓이고 있었다.

'머리가 나빠진 건가. 왜 이렇게 된 게 없지? 이번 주까지 끝내야 하는데.' 나는 종종 꿈에서도 일을 했다. 사적인 여유가 들어갈 틈이 없었다. 그야말로 일이 나였으며, 내가 일이었다.

사람의 집중에는 한계가 있다

꿈에서조차 일하던 나의 과거를 떠올리면 안쓰러운 마음이 든다. 하지만 한편으로는 이제라도 알게 되어 다행인 사실이 있다. 우리가 장시간 집중하기 어려운 뇌 구조를 타고났다는 사실이다. 집중을 끝까지 끌고 갈 수 있다면 좋겠지만, 우리 몸은 기계가 아니기에 뇌가 지치면 집중력이 흐려진다. 아이러니하게도 우리의 뇌는 집중을 '의도적으로' 놓을 때 더 길게 집중할 수 있다. 이는 뇌의 '인지 리듬'이라고 하는 것을 활용하는 원리인데, 뇌의 인지 리듬이란 집중과 비집중을 왔다 갔다 하는 것을 말한다.

뇌에서는 알파파, 베타파, 델타파 같은 뇌파들이 끊임없이 오가며 대화가 이뤄진다. 대화가 한 방향으로 이뤄지지 않듯, 뇌파 역시 한 가지 뇌파만 나타나는 경우는 드물다.

하지만 우리가 깊게 몰입하는 동안에는 뇌에서 대화가 이뤄지지 않는다. 우리가 집중할 때는 오히려 두뇌 활동이 감소하는 것이다.

예상과는 달리 우리 뇌는 집중하지 '않을' 때 더 많은 부분이 활성화된다. 이는 곧 인간이 유전적으로 멀티태스킹(Multi-tasking)에 특화되어 있지 않다는 의미가 된다.

많은 사람이 멀티태스킹을 효율적인 방법이라 생각한다. 하지만 뇌의 관점에서 보면 멀티태스킹의 다른 이름은 '산만함'이다.

우리 뇌는 한 번에 많은 것에 집중할 수 없는데, 이는 우리가 '작업기억(working memory)'이라는 것을 쓰기 때문이다. 작업기억은 우리가 처리해야 하는 새로운 정보를 어떻게 처리하고 받아들일지 의사결정하는 뇌의 인지 시스템이다. 그런데 작업기억은 한 번에 쓸 수 있는 용량에 한계가 있기에 때때로 문제를 일으킨다.

예를 들어 우리가 뭔가에 집중하는 동안 다른 정보가 우리의 의식에 들어오면 이전의 작업기억은 사라질 수 있다. 한참 보고서에 집중하고 있는 박 대리에게 상사가 이런 요청을 하는 경우를 가정해 볼 수 있다. "박 대리, 미안한데 이거 복사 좀

리셋, 다시 나로 살고 싶은 당신에게

해 줘." 장시간 집중하더라도 작업기억이 한계에 달하면 뇌는 '인제 그만 비워 달라'는 신호를 보낸다.

휴식보다 '비집중'이 효율적인 이유

작업기억 용량을 늘리면 집중하는 시간을 늘릴 수는 있다. 하지만 여기에도 한계는 존재하기에 자신을 밀어붙이지 않는 게 좋다. 자칫 이로 인해 번아웃이 와서 뇌가 뻗어 버리면 한동안 아무것도 할 수 없는 '비효율'의 극치를 경험할 수 있기 때문이다. 참고로 작업기억 용량을 늘리는 방법은 뒤에서 별도로 설명하겠다(256쪽 TIP 참조).

효율을 위해서는 뇌를 중간중간 쉬게 해 주는 것이 좋기는 하지만, 우리 뇌는 휴식을 취할 때보다 오히려 간단한 일을 수행할 때 더 높은 효율을 발휘한다고 한다. 예를 들면 집중이 필요한 업무 중간중간에 가벼운 일을 해 보는 것이다. 그러려면 우선 다음과 같이 해야 할 일을 집중도와 중요도에 따라 분류해 봐야 한다.

■ 중요하고 집중이 필요한 일

예) 전략 보고서 작성

- 편하게 할 수 있는 가벼운 일

  예) 회식 장소 조사
- 남이 요청한 기한이 정해진 일

  예) 검토 의견 보내기
- 남이 요청한 가벼운 일

  예) 공용 캐비닛 정리, 설문에 응답하기

고도의 집중이 필요한 일만 계속하다 보면 뇌가 지쳐서 다른 일을 처리하기 힘들 수 있다. 그래서 중간중간 가벼운 일을 섞어서 '비집중'해 보는 것이다. 위의 예처럼 전략 보고서를 작성하다 중간에 잠시 회식 장소를 찾아보거나 캐비닛 정리를 하면서 머리를 식혀 보면 어떨까. 그 일이 끝나면 다시 보고서에 집중하는 것이다.

길게 집중하다 아예 휴식을 취할 수도 있지만, 뇌가 지친 만큼 휴식 시간도 길어질 수 있음에 유의하자. 잠깐 쉬려 했다가 자신도 모르게 한두 시간이 훌쩍 지나가 버릴 수도 있다. 이보다는 중간에 가벼운 일을 잠깐 하고 돌아오는 방법이 현명하다.

시간 관리에 관한 책들을 보면 대부분 '중요도에 따라 일의 우선순위를 매겨 일하라'라고 한다. 하지만 우리는 종종 내키는 대로 일을 한다.

리셋, 다시 나로 살고 싶은 당신에게

"정 대리님, 퇴근해요?"

"네, 비염 때문에 집중이 안 돼서요. 집에 가서 넷플릭스나 볼래요."

"좋다. 현명한 생각이네요."

중요한 일을 먼저 해야 하는 것은 맞지만 그 일을 해야 하는 우리는 기계가 아니기에 그날의 컨디션이나 기분에 따라 집중할 수 없는 때가 생긴다. 일에 집중하는 것만이 살길은 아니다. 그런 강박에서 조금만 벗어나도 일의 부담감에서 벗어날 수 있다.

전문가들은 집중과 비집중이 3:1의 비율일 때 이상적이라고 조언한다. 예를 들어 한 시간 동안 일하면서 45분은 집중, 15분은 비집중하는 식이다.

하지만 한번 책상에 앉으면 서너 시간 쭉 일하는 습관이 밴 사람들이 45분만 집중하다 일에서 빠져나오기는 쉽지 않다. 특히 글을 쓰거나 보고서를 만들 때는 집중에서 빠져나오기가 더욱 어렵다. 그래서 나의 경우 두 시간 이하로 집중하겠다는 목표를 세우고 조금씩 적응해 나갔다. 그렇게 의식적인 노력을 계속하다 보니 뇌도 조금씩 받아들이기 시작했다.

비집중 모드란 단순히 쉬는 것과는 다르다. 집중을 '좁고 깊게' 일하는 것으로 본다면, 비집중은 '넓게' 보며 시야를 확보하는 것이다.

비집중의 방식으로서 '몽상'을 즐겨 볼 수도 있다. 몽상은 실재하지 않은 상황 등을 막연히 추측하거나 떠올려 보는 생각 방법을 말한다. 몽상에 특별한 방법이 있지는 않지만 눈을 움직이는 게 도움이 된다. 시선을 고정하지 않고 이곳저곳을 둘러보는 식이다.

나는 주로 창밖 풍경을 보며 이런저런 생각에 잠기는 편이다. 몽상을 하다 보면 하던 일과는 관련이 없지만, 종종 기발한 아이디어가 떠오르기도 한다. 그럴 때는 재빨리 그 아이디어를 포스트잇 등에 적어 두고 다시 집중 모드에 돌입하면 된다.

일하는 중간에 휴식을 취하는 것보다 비집중하는 방식이 더 좋은 까닭은 우리 뇌에 있는 전두극피질 때문에 그렇다. 전두극피질은 우리 뇌에서 아직 완수되지 않은 임무를 기억하는 곳이다. 전두극피질은 우리가 어떤 일을 하면서 조금 전에 했던 다른 임무에도 신경 써야 할 때 특히 활발하게 작용한다. 아직 완수되지 않은 임무를 기억해 두고 있다가 매 순간 그 임무를 달성하기 위해 새로운 전략을 짜는 것이다.

예를 들어 우리가 A, B, C라는 요리를 동시에 하고 있다고 가정해 보자. 이럴 때 우리는 우리가 자각하지 못하는 사이 집중과 비집중 모드를 왔다 갔다 하게 된다.

즉, A 요리를 조리하는 과정에서 B 요리가 익어가는 상황을 확인하고(집중), C 요리의 재료를 해동하기 위해 전자레인지를 돌려 놓고 나서(비집중) 다시 A 요리로 돌아온다(집중). 즉, A, B, C의 요리를 왔다 갔다 하는 동안 우리 뇌는 A 요리의 조리 과정을 기억하고 있다.

이것이 바로 멀티태스킹과는 다른 '슈퍼태스킹'의 원리이다. 우리 뇌는 집중과 비집중이 계속해서 오가는 과정에서 끊임없이 '피드백'을 받고 있다. 예를 들어 위의 요리를 하는 경우라면, 생선구이의 노릇한 색감, 단단한 정도를 통해 '생선은 아직 덜 됐군. 좀 더 구워야겠다'와 같은 판단을 할 수 있다. 생선의 굽기 정도를 확인(피드백)한 우리는 생선이 좀 더 구워질 동안 된장국에 관심을 가질 수 있다.

이렇게 슈퍼태스킹을 하는 중에는 우리 뇌에서 집중-비집중의 피드백을 주고받는 활동이 능수능란하게 이뤄진다. 반면에 멀티태스킹은 집중-집중-집중의 방식을 취하기 때문에 '산만함'을 불러온다. 가령, 전화통화를 하면서 요리를 하면 어느한 가지에도 집중하기가 어렵다. 즉, 국을 너무 졸이거나 전화에 건성으로 답하게 된다.

위에서 이야기한, 뇌의 슈퍼태스킹 원리를 우리가 업무를 할 때 이용할 수도 있다. 예를 들어 우리가 회사에서 여러 가지 업무를 동시에 해야 한다고 가정해 보자. 이런 경우에 그 업무들을 놓치지 않고 수행하려면, 즉 슈퍼태스킹이 가능해지려면 뇌가 수시로 각 업무에 대한 피드백을 받아야 한다. 이럴 때 우리 뇌에 의식적으로 피드백을 제공하면 슈퍼태스킹의 효율을 높일 수 있다. 즉, 지금 막 어떤 일을 했고, 다음 해야 할 일은 무엇인지에 대한 정보를 뇌에 의식적으로 제공하는 것이다. 예를 들면 이런 식이다.

'보고서 작성을 위한 벤치마킹 아이디어를 정리하는 중이었고, 이제 요약 문구를 적을 차례야. 자료부터 복사하고 와서 해야겠다.'

이런 식으로 뇌에 수시로 피드백을 보내면 다양한 업무를 놓치지 않으면서 질도 높일 수 있다.

슈퍼태스킹의 핵심은 '의식의 흐름'을 놓지 않는다는 데 있다. 이런 점에서 멀티태스킹과는 본질적인 차이가 있다. 이런 점을 이용해 집중해야 하는 일을 하는 중간에 비집중 모드를 가져봄으로써 뇌의 슈퍼태스킹 능력을 활성화해 보자.

모든 중독이 그러하듯 집중도 지나치면 뇌에 좋지 않다. 조금씩 집중의 시간을 조절해서 우리 뇌에 회복할 시간을 주자. 이는 마라톤 선수들이 뛰는 내내 전력 질주하지 않는 원리와도 비슷하다. 속도의 완급을 조절하며 자신의 페이스를 끝까지 유지하는 선수만이 결승선에 도달한다.

최고들의 탁월함은 그들을 최고에 이르게 한 '과정'에 있다. 우리는 단순히 결승점에 도달하는 것 자체를 탁월함이라 하진 않는다. 진짜 고수들은 적절한 타이밍에서 힘을 뺀다. 그럼에도 목표로 한 시간 내에 여유롭게 도달할 수 있는 까닭은 어쩌면 자주 '비집중'하기 때문인지도 모른다.

업무를 줄일 수 없다면 아예 슈퍼태스커가 되어 보자. 일을 잘하는 것은 물론 시간을 주도하고 있다는 즐거움도 누릴 수 있다. 시간을 주도하는 정신의 '리듬'을 타 보자. 그것만으로도 충분히 '탁월함'이라 할 수 있다.

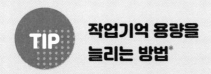

작업기억 용량을 늘리는 방법*

우리가 열심히 운동하면 체력이 향상되듯 작업기억도 훈련을 통해 향상될 수 있다. 독일의 과학 저널리스트 울리히 슈나벨은 작업기억을 향상하는 요령으로 다음 여섯 가지를 소개한다.

■ 우선순위에 따라 업무를 정리한다.
■ 하는 일에만 주의를 집중한다. 하던 일과 상관없는 것이 떠오르면 메모하고 다시 집중한다.
■ 하이테크가 아닌 로우테크에 의지한다. 직접 메모하고, 기억한다.
■ 조용한 아침 시간을 활용해 생각을 정리하거나, 방해받지 않는 장소에서 시간을 보낸다.
■ 뇌가 쉴 수 있는 시간을 확보한다. 가벼운 산책은 기적 같은 효과가 있다.
■ 책상 위를 정리정돈한다. 책상 위에 쌓여 있는 지저분한 것들이 당신의 주의력을 갉아먹는다.

---

* 《아무것도 하지 않는 시간의 힘》, 울리히 슈나벨, p.99, 부분 인용

리셋, 다시 나로 살고 싶은 당신에게

[02]

진짜 원하는 것에
에너지 집중하기

'어쩌다 여기에서 일하게 되었을까?'

회사 생활을 하다 보면 가끔 이런 생각이 들게 하는 사람들이 있다. 회사보다는 연구실이 더 잘 어울릴 것 같은 사람, 손재주가 탁월해 공방이나 요리를 해야 할 것 같은 사람, 남다른 예술적 감각을 타고난 사람들이 특히 그랬다.

여러모로 재능이 있었지만 회사에서 기대하는 스킬이나 센스가 부족해 자주 지적을 당하고 상처받는 사람도 있었다. 표면적으로는 문제 해결력이나 커뮤니케이션 능력, 팀워크를 발휘하지 못하는 듯했다.

능력이 아닌 환경의 문제일 뿐이다

나는 회사에서 일할 때 이런 동료와 대화를 나눈 적이 있다.

"저는 진짜 노력하고 있거든요. 어제도 요청한 일 해 주느라 새벽 두 시에 들어갔어요. 근데도 고맙다는 말 한마디 안 하더라고요."

"노력하는 거 알아요. 울지 말아요."

"아니요. 다들 제가 잘하는 거엔 관심도 없고, 항상 트집을 잡는 느낌이에요."

"그게 왜 그런 줄 알아요?"

내가 묻자, 그녀의 빨갛게 젖은 눈이 미세하게 떨렸다.

"서로 기대하는 바가 달라서 그래요. 그 사람들 잘못도, 당신 잘못도 아니에요."

"과장님 아니었음 전 벌써 그만뒀어요."

나는 그녀의 말에 아무런 말도 하지 못했다. 실은 그녀가 그만두길 바랐다. 그것이 그녀에게도, 서로에게도 행복한 길이라 생각했다.

그녀와 같이 일을 했던 사람들은 하나같이 혀를 내둘렀다.

"어떻게 저런 기본도 안 된 사람이 들어왔지?"

동료들에게서 그녀에 관한 이야기를 들어 보면, 그녀는 응당해야 할 일을 인지하지 못하고 놓치는 듯했고, 그것이 다른 동료들에게 민폐가 되고 있었다.

"과장님이 무슨 마더 테레사야?"

몇몇 동료들은 내가 그녀에게 불필요한 연민을 보낸다고 생각했다. 하지만 나는 회사에서 그녀와 한 팀으로 일해 보지 않은 유일한 사람이었고, 팀 경험이 없는 상태에서 그녀를 싫어하거나 피할 이유가 없었다.

"회사가 잘못한 거야. 사람이 급하다고 우리 일이랑 안 맞는 사람을 뽑은 거지."

"동의해요. 서류 몇 장이랑 면접 한 시간으로 그 사람을 파악하긴 쉽지 않죠."

'잘못 뽑힌' 그녀는 결국 회사를 그만뒀다. 회사는 그녀에게 사직을 권고했고, 버티던 그녀도 마음을 정했다.

"자신의 가치를 알아봐 주는 곳으로 가는 게 맞다고 봐요."

"그게 최선일까요?"

"세상에 회사는 많아요."

그녀는 나보다 세 살 많았지만, 직급은 내가 더 높았다. 하지만 주제넘은 조언을 할 만큼 그녀에 대해 잘 알지는 못했다. 단지 그녀가 회사에서 느끼는 심한 소외감을 더 버틸 수 없으리라 확신할 뿐이었다.

　회사와 그녀는 결코 만날 수 없는 평행선을 이루는 듯했다. 그녀는 분명 재능이 있었지만, 경쟁이 치열하고 빨리빨리 돌아가는 회사와는 다른 세계에 있었다.

회사에서 그녀와 비슷한 패턴을 보이는 사람들을 몇 명 더 만났다. 그들은 처음에는 의욕이 넘쳤다가도 점점 지쳐가고 자존감까지 낮아지는 듯했다. 나는 그런 그들의 모습에서 단순히 공감을 넘어 나와 겹치는 면을 발견했다. 여러모로 몹시 지쳐 있었고, 결론은 나와 안 맞는 환경이라는 사실을 인정해야 했다.

타고난 기질을 활용하는 것이 최고의 전략이다

　나는 회사에 퇴사 의사를 밝히고 상사와 면담하던 날 오랫동안 감춰 왔던 속마음을 꺼냈다.

"김 과장이 동료들도 잘 챙겨 주고, 업무도 잘해 줘서 문제가 있으리라 생각해 본 적은 없었어. 여러모로 아쉽네."

"그렇게 생각해 주시니 감사하고 죄송합니다. 다만 자주 아프다 보니 제가 감당하기 힘든 일이 아닌가 하는 생각이 들었습니다. 제 정체성에 대한 문제이기도 한데요, 비유를 들자면 제가 해양 생물인지 육지 동물인지 잘 모르겠다는 생각이 들었습니다. 만약 제가 해양 생물이라면… 바다라는 생태계가 맞을 텐데, 제대로 생각해 보지도 못하고 그저 높은 산을 향해 달린 건 아닌가 하고요."

아인슈타인은 사람마다 타고난 기질에 대해 이렇게 말했다. "누구나 똑똑하다. 나무를 잘 타는지 아닌지로 물고기의 능력을 결정해 버린다면 물고기는 평생 자신이 멍청하다고 믿으며 살 것이다."
언제나 자신이 뭔가를 주도해야 하는 사람은 자율성을 드러낼 수 있는 환경에서, 절차와 행동지침에 반응하는 사람은 정해진 틀이 있을 때 편안함을 느낀다. 타고난 기질을 바꾸기는 쉽지 않으므로 자신에게 맞는 환경을 스스로 조성해 주는 방법이 최선일 것이다.

"편안한 게 최고야"
이런 말을 하면 종종 속이 시원하면서도 왠지 그러면 안 될 듯한 느낌을 받곤 한다. 편안함과 성취는 양립하기 어렵다는 생각에서였다. 하지만 내가 오래 지내왔던 환경에서 벗어나 보니 꼭 그렇지는 않은 듯하다. 타고난 기질을 잘 활용하는 것만

큰 훌륭한 전략도 없다.

애초에 호기심이 많게 태어난 사람들이 새로운 사실을 발견하고, 물성의 본질을 잘 파악하는 사람들이 새로운 것을 만들어낸다. 그저 자연스럽게 되는 것, 편하고 즐겁게 할 수 있는 것의 이면에는 개인의 성격적 소질, 즉 '기질'이 자리하고 있다.

기질의 '기(氣)'는 기운, 에너지라는 뜻으로, 우리는 저마다 다른 에너지를 가지고 있다. 과학적으로는 설명하기 어렵지만, 동양에서의 '기'는 서로 상생하는 에너지가 있을 때 좋은 것으로 본다.

이것은 단순히 미신 같은 이야기가 아니다. 우리에게 주어진 한정된 에너지를 어떻게 쓰는가에 따라 삶도 다르게 느껴진다. 같은 양의 에너지를 쓰더라도 좋은 에너지를 돌려받는 일이 있는가 하면, 쓴 것에 비해 더 힘들게 느껴지는 일이 있다.

관계에서도 기질을 고려해야 한다

관계에서도 마찬가지다. 내게 잘 대해주더라도 만나고 나면 피곤해지거나 마음이 불편해지는 사람이 있다. 반면, 어떤 사람은 나와 성향이 달라도 만났을 때 기분이 좋고 에너지가 샘솟는다.

보통 사람과 사람 간에 흐르는 에너지를 자신의 기질과 연결 지어 생각하진 않는다. 하지만 평소 관계에서 자주 피로를 느낀다면 생각해 볼 필요가 있다. 타인의 관심과 인정 없이도 나는 나대로 편한 상태여야 한다.

있는 그대로의 모습으로는 사랑받지 못할까 봐 남들 눈치를 보면 불필요한 긴장으로 에너지를 잃게 된다. 그보다는 자기다움을 유지하며 스스로 좋은 에너지를 가지는 것이 더 좋은 전략이다.

자기다움을 유지하기 위해서는 '거절'을 잘할 필요도 있다. 몸이 피곤해 회식도 겨우 참석했는데 2차를 가자고 조르는 상사, 배가 부른데 디저트를 먹자고 조르는 친구, 냉장고가 꽉 찼는데 반찬을 싸주려는 친절.

우린 종종 타인의 기대에 부합하기 위해 '정', '의리' 같은 가치에 얽매인다. 함께 나누면 좋을 가치임에는 분명하지만 매 순간 이런 가치가 우선한다면 지칠 수밖에 없다.

무엇보다 타인을 바꾸려 하지 말자. 타인에 대한 간섭만큼 불필요한 게 있을까. 누군가가 이러저러했으면 좋겠다는 것은 그저 나의 바람일 뿐이다. 자신이 옳다는 생각을 내려놓자.

에너지가 빠져나가려는 순간 정신을 집중해 올바른 곳에 에너지가 쓰이도록 해 보자. 우리가 원하는 것에 온전히 집중하기만 해도 삶이 달라질 수 있다. 무엇을 원하고, 왜 원하는가. 어떨 때 편하고, 어떤 사람이 좋은가. 이런 문제에 집중할 수 있다면 적어도 원하지 않는 일로 소중한 에너지를 낭비할 일은 없어 보인다. 또한, 직장에서의 번아웃도 예방할 수 있을 것이다.

당신이 사는 생태계는 어떤 곳인가? 그곳에는 좋은 에너지를 주는 사람들이 있는가? 만약 그렇지 않다면 당신에게도 변화가 필요하다. 당신의 가치를 알아주는 사람들과 함께하자. 단지 그것만으로도 삶이 달라짐을 느낄 수 있다.

[03]

내 마음의
보호장벽 세우기

　사람과 사람 사이에는 보이지 않는 경계선이 있다. 그 선 너머에는 지켜져야 마땅한 개개인의 고유한 영역이 존재한다. 서로의 영역을 침범하지 않기 위해, 우리는 이 선을 지켜 줘야 한다.

가까운 사이라도 서로 지켜야 할 선을 넘으면 관계가 흔들릴 수 있다. 그럼에도 불구하고 우리는 종종 그 선을 넘는다. 자신의 감정을 주체하지 못해 선을 넘고, 상대방이 선을 넘어서 나도 선을 넘고, 분명하게 선을 그어 놓지 않아서 침범하고, 또한 침범당한다.

수시로 관계의 선을 넘는 사람들

"김 대리, 옷이 너무 요란한데."

"아… 이상한가요?"

"너무 정신 사나워. 귀걸이도 치렁치렁한 것 말고 다른 거 없어?"

"네…."

아무렇게나 말하고 행동하며 선을 넘는 사람들이 있다. 사람 간의 경계선에 대한 개념이 없는 이들은 별 고민 없이 타인의 삶을 통제하려 한다. 반대로 선을 그어 놓지 않아 타인이 자신의 삶에 간섭하도록 내버려 두는 사람들도 있다.

심리학에서는 이 경계선을 '바운더리(Boundary)'라 한다. 바운더리는 타인이 선을 넘을 때 대응하는 방식, 타인으로부터 자율성을 확보하기 위한 규칙이라 할 수 있다. 공개적인 자리에서 김 대리의 옷차림을 지적하는 박 팀장, 그런 박 팀장의 행동에 적절히 대응하지 않는 김 대리. 두 사람 모두 바운더리가 불분명하다.

김 대리처럼 상대가 선을 넘어올 때 제때 대응하지 못하는 이들이 많다. 관계에 유연함을 추구하는 사람들은 선을 긋는 것에 어려움을 느낀다. 특히 관계 지향적인 사람들에게 이런 문제가 자주 생긴다. 친근함을 좋게 받아 줬는데 점점 성희롱으로 발전되거나, 업무를 잘 챙겨 주다 보니 '오피스 와이프'라는 말을 듣는다거나, 거절하지 않고 부탁을 들어주다 보니 상대가 호의를 당연시하는 경우 등이다. 이런 사례들처럼 적당한 거리에서 경계선을 두지 않으면 상대가 선을 넘는 일이 일어난다.

관계의 선 긋기를 잘하는 사람들의 특징

그럼 적당히 선 긋기를 잘하는 사람들, 즉 바운더리가 튼튼한 사람들은 어떻게 행동할까?

바운더리가 튼튼한 사람들이란 애초에 만리장성 같은 벽을 쌓고 사는 사람과는 거리가 멀다. 이들의 바운더리는 단단하면서도 유연하게 움직인다. 대상에 따라, 친밀도에 따라 거리를 조절해가며 건강한 관계를 맺는다.

이를 위해선 '신뢰'가 바탕이 되어야 한다. 신뢰가 쌓이는 데 걸리는 시간은 저마다 다를 수 있다. 하지만 나름의 합리적 의심을 거친 후 경계선을 조절하는 과정은 모든 관계에 똑같이 적용된다.

모든 관계는 '자기 존중'이 전제되어야 한다. 다른 사람들의 경계선 침범을 계속 내버려 두면 나의 자존감 훼손은 시간문제다. 언제나 인간관계로 상처받고 고민한다면 자신의 바운더리 개념에 자기 존중이 있었는지 자문해 볼 필요가 있다.

자신을 존중하지 않는 사람들은 자신-타인 사이에서 중심을 잡지 못한다. 반면에 바운더리가 튼튼한 사람들은 기본적으로 자존감이 높다. 그렇기에 갈등에도 강하다.

한편, 타인의 일을 자기 일처럼 고민하는 사람들도 있다. 선의의 마음은 좋지만 감정도 전염될 수 있기에 이런 경우에도 적당한 바운더리가 필요하다. 참고로 감정이 전염되는 이유는 우리 뇌에 있는 '거울 뉴런(mirror neuron)'이라는 신경 세포가 타인의 표정과 몸짓에서 읽어 낸 감정을 '자기화'하기 때문이다. 특히 신경 반응성이 높은 사람들은 거울 뉴런 세포가 발달했기에 감정 전이가 잘 일어날 수 있다.

이와는 정반대로 타인의 감정에 전혀 공감하지 못하는 사람들도 있다. 소시오패스, 사이코패스, 나르시시스트가 대표적이다. 이들은 애초에 타인의 아픔에 공감하지 못하도록 타고났다. 그렇기에 과도한 행동으로 타인에게 해를 가한다.

특히 나르시시스트는 '가스라이팅(gaslighting)'이라는 방식으로

리셋, 다시 나로 살고 싶은 당신에게

타인이 현실을 제대로 보지 못하도록 주무르고 공격하는 경향이 있다. 이들의 이런 방식은 꽤나 자연스럽게 포장되어 있기에 공감을 잘하는 사람들은 특히 조심해야 한다.

선을 넘는 사람들에게 현명하게 대처하는 방법

그렇다면 우리는 관계의 바운더리를 어떻게 세워야 할까? 우선 자신에게 반복되는 문제를 자각할 필요가 있다. 자신을 둘러싼 관계 중 건강하지 못한 관계를 떠올려 보자. 무엇이 문제인가? 같이 있으면 마음이 불편해지는 사람들을 생각해 보자. 그들은 나의 무엇을 건드리는가?

반대로 내가 넘지 말아야 할 선을 넘은 적은 없는지도 생각해 보자. 관계의 중심은 나에게 있어야 하지만 타인의 입장을 생각하는 것 역시 중요하다.

타인과의 관계 습관을 바꾸는 일은 시행착오가 필요한 일이다. 우선 관계에 대한 다음 두 가지 원칙만이라도 머릿속에 새겨 보자.

▨ 결정권은 나에게 있다.
▨ 중립을 지킨다.

이 두 가지 원칙만 의식해도 꽤 단단한 바운더리를 세울 수 있다. 관계에 대한 결정권이 나에게 있다고 생각하면 상대의 반응에 휘둘리지 않는다. 무게 중심을 자신에게 두고, 흔들리지 말자. 최대한 중립을 지키자. 그러면 불편한 상황에서도 흔들리지 않고 대응할 수 있다.

당신이 좋아하는 것과 싫어하는 것에 대해 명확하게 의사를 표현하자. 감정적인 단어나 불필요한 수식어를 빼고 간결하게 말하자. 구구절절 설명하는 방식보다 효과가 좋다. 예를 들면 앞서 김 대리의 상황이라면 이렇게 대응해 볼 수 있다.

"김 대리, 옷이 너무 요란한데."

"그런가요. 제 옷차림이 업무를 불편하게 한다면 참고하겠습니다."

누군가 툭 던진 한마디에 휘둘리지 말자. 바운더리를 세우고 그저 한 사람의 의견일 뿐, 참고하고 말고는 당신의 결정에 달렸음을 보여 주자.

이런 연습이 안 되어 있는 사람들은 말투나 표정이 다소 경직될 가능성이 크다. 흔히 '정색한다'라고들 하는데, 이것이 상대에게 화난 듯한 인상을 줄 수 있다. 처음엔 잘 안 되더라도 몇 번 연습하다 보면 할 수 있다. 부드러운 어조와 미소로 자기주장을 펼치는 연습을 해 보자.

리셋, 다시 나로 살고 싶은 당신에게

상대에게 사랑받기 위해서가 아니다. 기본적으로 자신을 사랑하고 보호하기 위함이며, 나아가 타인에게 상처 주는 실수를 하지 않기 위함이다.

만약 이런 노력에도 불구하고 계속해서 선을 넘으려는 사람이 있다면 좀 더 강한 태도를 보여 주는 게 좋다. 선을 넘으면 곤란하다는 식의 태도를 꾸준히 보여 주자.

매번 말을 함부로 하는 사람이 있다면 "무례하시네요"라며 확실히 짚고 넘어가자. 어쩌면 갑자기 날을 세우는 당신의 태도에 상대가 당황할지 모른다. 하지만 상대에게 경고하는 것이 목표이므로, 호흡을 가다듬고 침착함을 유지하는 것이 좋다. 언제나 같은 태도로 대응해서는 상대방의 태도를 바꾸기 어렵다는 사실을 기억하자.

삶의 변화가 필요하다면 단단하고도 유연한 바운더리를 세우는 데에 주목해 보자. 관계의 변화란 '나의 변화'를 의미한다. 결국 타인과 나 사이에서 일어나는 불협화음에 '내가' 어떻게 대응할지의 문제다.

그래서 '선 긋기'는 어느 정도 '용기'가 필요하다. 그동안 겪지 않았던 상황을 경험할 수도, 관계가 악화될 가능성도 있으니까. 하지만 변화를 위해선 시도해 볼 만하다. 상대가 섣불리 선을 넘고 나를 휘두르는 상황에 너무 익숙해지면 빠져나가기가 쉽지 않다.

나는 '외유내강'이란 말을 좋아한다. 부드러우면서도 단단한 사람. 그동안 살아오며 만났던 대부분의 외유내강형의 사람들은 언제나 현명했다. 신념을 지키면서도 상처받지 않았고, 타인의 아픔에 공감하면서도 흔들리지 않는 사람들이었다. 때론 유연하게 뒤로 밀리고, 때론 앞으로 나아갔다. 필요할 땐 바운더리를 해제하고 온몸으로 안아 주었다. 자신의 성숙함으로 미숙한 사람들을 포용했다. 그렇기에 존경받고 사랑받는다. 이들처럼, 부드럽고 단단한 바운더리를 세워 보자. 그리고 당당하게, 자신을 드러내고 보여 주자.

리셋, 다시 나로 살고 싶은 당신에게

[04]

힘든 일은 아웃소싱하고
즐거운 일에 집중하기

나는 가끔 어릴 적에 놀이터에서 놀던 기억이 난다. 지금은 그런 곳이 거의 없지만 과거엔 대부분의 놀이터 바닥이 흙으로 되어 있었다. 폭폭 빠지는 흙 위를 뛰어다니면 운동화는 물론 두어 번 접어 올린 바짓단에 흙이 가득 들어가곤 했다. 흙을 동그랗게 뭉쳐 공을 만들고, 땅따먹기하고, 술래잡기하며 뛰놀다 보면 어느새 기울어진 해가 놀이터를 붉게 물들였다.

아스라한 기억이지만 돌이켜 보면 그때만큼 즐거움에 몰입하던 때도 없었다. 그땐 그게 행복인지 모르고 마냥 즐겁게 놀았다. 재미와 즐거움이 오직 삶의 목적인 듯이.

즐거움에 몰입할 시간이 필요하다

헝가리의 심리학자 미하이 칙센트미하이는 아이들처럼 시간 가는 줄 모르고 즐거움에 빠진 상태를 '몰입(flow)'이라는 개념으로 설명한다. 그리고 그는 몰입과 행복의 관계에 대해 이렇게 이야기한다.

"인간은 '몰입'을 체험할 때 더욱 행복해진다. 그리고 이 행복은 돈이나 물질적 소유로 이룰 수 있는 게 아니라, 나 자신의 체험을 스스로 조절하고 통제할 때 얻어지는 것이다."

그의 말에 따르면, 우리가 행복해지기 위해선 즐거움에 몰입할 시간이 필요하다. 헷갈리고 고민되는 일에서 벗어나 온전한 자유를 누릴 시간, 뭔가를 잘해내야 한다는 부담에서 벗어나 오로지 재미와 즐거움에 몰입하는 시간 말이다.

어른이 되면 이런 재미를 위한 시간을 갖기 어렵다. 직장인이든, 자영업자든, 프리랜서든 마찬가지다. 매번 바쁘게 돌아가는 쳇바퀴 위에서는 온전한 휴식을 취하기도 쉽지 않다.

육아를 병행하는 사람이라면 특히 더 여유가 없을 것이다. 그래서 사람들은 기계나 서비스의 힘을 빌려 여가를 확보하려 한다. 로봇청소기, 식기세척기, 건조기는 삶의 질을 높이는 대표 아이템이 되었다. 이른 새벽 집 앞 주차장에서 간단히 손 세차를 해 주거나, 심부름을 해 주는 서비스도 인기가 많다.

단순히 편의를 위해서든, 그 일을 하고 싶지 않아서든 사람들은 이제 어떤 일을 '아웃소싱' 주는 능력을 발휘하는 듯하다. 실제로 아웃소싱은 효과가 크다.

특히 몸과 마음이 힘든 사람이라면 원하지 않는 일을 기계나 다른 사람에게 맡길 필요가 있다. 만일 당신이 번아웃과 우울증에 시달리고 있다면 즐겁지 않은 일은 과감하게 위임하고 흥미로운 일에 집중해 보자.

나는 어떤 일에 흥미를 느끼는가

재밌게도, 우리 뇌는 흥미 있는 일을 할 때 피로감을 느끼지 않는다고 한다. 그래서 매일 하는 업무라도 최대한 그 안에서 흥미를 느끼는 것이 중요하다.

당신은 어떤 일에 흥미를 느끼는가? 하고 싶은 일, 재밌을 듯한 일을 모두 써 보자. 음악 듣기, 그림 그리기, 독서하기, 카페 가기, 요리하기, 뜨개질하기 등 뭐든지 좋다. 이런 일들은 사소해 보이지만 우리에게 활력을 줄 수 있다.

물론 할 일이 많아서 그런 활동을 할 만한 마음의 여유가 없다는 생각이 들 수 있다. 안 하던 것을 하려니 마음속에서 저항이 생기기도 한다. 하지만 그럴수록 '시작하기'에 집중해 보자. 독서를 예로 든다면, 가장 재밌어 보이는 책 한 권을 책장에서 꺼내어 일단 소파에 앉는 게 시작이다.

물론 휴식을 위해 스트레스를 주는 활동을 안 하거나, 아예 아무것도 안 할 수도 있다. 하지만 진정한 휴식은 즐거움을 느끼는 활동을 하는 것이다. 미하이 칙센트미하이의 말처럼, 우리는 적극적으로 몰입할 대상을 가질 때 행복감을 느낀다. 재미, 즐거움뿐 아니라 성취감까지 느낄 수 있는 활동들도 많다. 바쁜 일상에서 책 한 권을 끝까지 읽었다는 성취감, 좋아하는 팝송 한 곡을 외웠다는 뿌듯함은 사소한 듯해도 꽤 큰 즐거움으로 다가온다.

보통 취미를 갖는 데 부담감을 느끼는 이유는 크게 두 가지다. 첫째는 시간, 둘째는 비용이다. 생각해 보면, 이 시간과 비용이라는 두 가지 축을 기준으로 우리가 '하고 싶은 일' 목록에 적을 취미를 다음 네 가지 유형으로 구분할 수 있다.

- 시간이 많이 드는 취미
- 비용이 많이 드는 취미

리셋, 다시 나로 살고 싶은 당신에게

■ 시간과 비용 모두 많이 드는 취미

■ 시간과 비용이 거의 들지 않거나, 내가 조절할 수 있는 취미

이렇게 구분하면, 우리가 시간과 비용에 구애받지 않고 '당장 할 수 있는 취미'가 보인다. 반면에 시간과 비용은 들지만 '정말 하고 싶다'라는 마음이 드는 취미가 있을 수 있다. 그런 취미가 있다면 반드시 해 보도록 하자. 흥미에 의욕이 더해지면 깊은 몰입을 경험할 수 있다.

아래 표를 참고해서 '하고 싶은 취미'를 써 보자. 그리고 그 옆에 흥미 정도를 점수로 매겨 보자. 최고 점수는 5점, 최저 점수는 1점이다.

[최고=5, 중간=3, 최저=1]

하고 싶은 일(취미)	흥미	시간 부담	비용 부담	진입장벽 (시간 + 비용)
등산	3	4	1	5
산책	2	1	0	1
독서	4	2	0	2
도예	5	2	5	7
필라테스	3	3	5	8
외국어 독학	4	2	2	4

흥미 옆의 시간부담 항목에는 시간이 많이 필요한 취미일수록 높은 점수를 매긴다. 가령 '등산'일 경우, 집에서 멀지 않은 산을 오가는 시간을 고려해 '시간적 부담'이 어느 정도인지 생각해 보자. 예상되는 소요 시간을 생각했을 때의 '부담 정도'를 점수로 매기면 된다. 이때 예상 소요 '시간'을 쓰지 않도록 유의하자.

다음으로 비용에 대한 부담을 쓴다. 여기서도 마찬가지로 비용 지출에 따른 '부담 정도'를 1~5점의 점수로 매긴다. 비용이 아예 들지 않으면 0점, 비용이 많이 들어 부담이 크면 5점을 매기는 식이다.

이렇게 점수를 매겼을 때, 우리가 당장 할 수 있는 취미는 흥미 점수가 진입장벽 점수보다 높은 것이다. 예시에서는 '독서'(흥미=4, 진입장벽=2), '산책'(흥미=2, 진입장벽=1)이 당장 할 수 있는 취미가 된다.

'도예'는 시간과 비용이 들지만 흥미 점수는 가장 높다. 이는 시간과 비용만 확보되면 '바로 할 수 있는 취미'가 된다.

'외국어 독학'의 경우 흥미 점수는 '도예'보다 낮지만, 시간과 비용적 부담이 덜하다. 게다가 독학이므로 시간과 비용을 유연하게 조절할 수도 있다.

이런 방식으로 내가 어떤 일에 흥미가 있는지, 당장 할 수 있는 취미는 무엇인지 알아낼 수 있다. 내가 당장할 수 있는 취미는 바로 실행에 옮겨 보자. 또 시간과 비용이 필요한 취미는 그것들을 확보할 방법을 고민해 보자. 분명 삶의 활력을 얻는 계기가 될 것이다.

사라져 버린 흥미 세포 되살리기

종종 흥미로운 취미도, 하고 싶은 취미도 없다는 사람들이 있다. 어떻게 해야 기분이 좋아지는지도 모르겠고, 특별히 좋아하는 것도 없다는 사람들. 열심히 쳇바퀴를 굴리다 보니 '흥미 세포'가 사라져 버린 탓이다.

이런 경우 흥미를 일으킬 만한 자극이 필요하다. 우선 관심사에서 출발해 보자. 가령, 경제에 관심이 많다면 경제 관련 강의를 듣거나 책을 읽어도 좋고, 경제 현황에 대한 생각을 블로그나 트위터에 써 봐도 좋다. 맛있는 음식을 좋아한다면 직접 요리를 해 보거나 맛집 투어를 다녀 볼 수도 있다. 지역 커뮤니티에 가입해 동네 사람들과 소모임을 갖는 취미도 좋을 수 있다. 보통 관심이 흥미로 발전하기까지는 시간이 좀 걸린다. 인내심을 가지고 하나씩 시도해 보자.

가족과 함께할 시간이 많지 않다면 가족 구성원이 같이할 수 있는 취미를 가져 보자. 가족 간의 친밀감, 유대감을 쌓을 수 있음은 물론, 아이들에게도 좋은 추억이 될 수 있다.

우리가 어렸을 때 부모님, 친척들과 같이 놀거나 여행 간 경험을 떠올려 보자. 어른들이 달리 놀아주지 않았더라도 그저 함께 있고, 곁에 있는 것만으로도 우린 행복하지 않았던가.

어른들이 우리에게 즐거운 추억을 선물했듯, 스스로 추억이 쌓일 만한 일들을 '기획'해 보자. 500 피스 정도 되는 퍼즐을 같이 맞추거나 보드게임을 할 수도 있고, 가까운 야외로 소풍을 다녀와도 좋을 것이다.

이런 활동을 하면 몸에서 행복 호르몬이 나온다. 우리 몸에서는 행복을 느낄 때 네 가지 호르몬이 나온다. 즐거움과 재미를 느낄 때는 엔돌핀, 평온함을 느낄 때는 세로토닌, 만족감과 성취감을 느낄 때는 도파민, 친밀감과 신뢰감을 느낄 때는 옥시토신이 나온다.

실제로 우리가 뭔가를 좋아하고 즐기면 몸에서 반응한다. 이런 이유로 전문가들은 기분이 우울한 사람들에게 즐겁고 유쾌한 활동을 권한다. 이런 활동을 통해 나오는 호르몬들은 우리를 행복하게 하고 건강에 이로운 작용을 한다.

아무것도 하지 않으면 아무 일도 일어나지 않는다. 좋아하는 일이 없다는 사실에 의문을 품지 않는다면 삶의 즐거움을 잊은 채 살아가게 된다.

행복을 찾는 사람이 결국 행복해진다. 삶을 다채롭게 사는 사람들은 그저 가만히 주어진 일만 하는 사람들보다 행복할 확률이 더 높다. 다양한 경험을 즐기고 거기서 뭔가를 배우고 몰입하면서 자신의 삶을 영위한다.

먹고살기 위한 걱정, 미래에 대한 불안감에서 조금만 벗어나 보자. 행복해지기 위해 돈이 필요하지만, 돈이 있어도 행복해질 방법을 모른다면 삶의 이유를 어디서 찾겠는가. 누구와 무엇을 하든 좋다. 그저 어린아이처럼 깔깔대고 웃어 보자. 그저 즐거움에 목적을 두고 뭔가를 해 보자.

7장

우리는 모두
시행착오를 겪는다

바닥을 치고 오르는 힘, 회복탄력성

　화창한 초여름 어느 날, 사내 심리상담 선생님과의 마지막 상담이 예약되어 있었다. 언제나처럼 반갑게 나를 맞아 준 그녀는 첫 상담 때의 내 모습을 떠올리며 말했다.

"오늘까지 상담하면 딱 1년이 되네요. 처음 왔을 때 상태가 많이 안 좋아서 시간이 오래 걸릴 거로 생각했는데, 이렇게 좋아져서 참 기쁘네요."

"그땐 제가 생각해도 상태가 많이 심각했던 거 같아요. 다 유능한 선생님을 만난 덕분입니다. 제가 운이 좋았어요. 정말 감사드립니다."

"운이 아니에요. 본인이 해낸 거예요. 기본적으로 회복탄력성이 좋은 사람이에요."

　'회복탄력성'
그때 그 단어를 처음 알게 되었다. 그녀는 내가 가진 것을 자랑스럽게 여겨도 된다고 했다.
"아, 그 단어를 들으니 생각나는 시가 있어요. <떨어져도 튀는 공처럼>이라는 시요. 회사 동료분이 '마음 건강 레터'에 있던 시를 보내주셨거든요. 그 시를 읽고 큰 위안을 받았어요."
"아, 그 시가 그렇게 전달되기도 하는군요."
그녀는 특유의 미소를 지으며 말했다. '마음 건강 레터'는 사내 심리상담사인 그녀가 전 직원을 대상으로 보내는 전사 메일이었다. 휴직하는 동안에는 사내 메일을 읽을 수 없는데, 평소 언니처럼 믿고 의지하던 차장님이 시 부분만 발췌해서 카카오톡 메신저로 보내 준 것이었다.

　'이 시를 보니 문득 생각나서 공유해요.'
누군가의 마음에 내가 떠오른다는 것은, 또 나의 안위를 걱정해준다는 것은 언제나 가슴 벅찬 일이었다. 시를 읽은 나는 이윽고 눈이 뜨거워짐을 느꼈다.

<떨어져도 튀는 공처럼>

그래 살아봐야지
너도 나도 공이 되어
떨어져도 튀는 공이 되어

살아봐야지
쓰러지는 법이 없는 둥근
공처럼, 탄력의 나라의
왕자처럼

가볍게 떠올라야지
곧 움직일 준비 되어 있는 꼴
둥근 공이 되어

옳지 최선의 꼴
지금의 네 모습처럼
떨어져도 튀어 오르는 공
쓰러지는 법이 없는 공이 되어.

– 정현종(1984)

리셋, 다시 나로 살고 싶은 당신에게

튀는 공과 같은 회복탄력성 갖추기

공황장애 완치 판정을 받고, 마침내 모든 약으로부터 자유로움을 얻은 직후였다. 이제 뭐든 해 보자고 마음먹었던 그때의 내 마음을 이토록 잘 표현한 시가 있을까 싶었다.
'그래, 다들 이렇게 응원해 주는데 해 봐야지 않겠어? 지금껏 잘해 왔잖아. 용기를 가지고 진짜 원하는 것을 한번 해 보자.'
스스로에 대한 확신이 겨울을 버티고 새로 자라나는 나뭇가지들처럼 뻗어 나가고 있었다. 새로 태어난 기분이었다.

정현종 시인의 '튀는 공'처럼, 회복탄력성은 '역경을 발판삼아 도약하는 마음의 근력'을 말한다. 어려움 속에서도 오뚝이처럼 일어나는 사람들이 있다. 이런 이들이 회복탄력성을 지닌 사람이다. 이런 사람들은 상처를 받아도 금방 툭툭 털고 일어난다. 이들에게는 삶의 다양한 변화를 수용하는 유연함이 있기 때문이다.
삶에 유연한 태도는 주변 관계에도 영향을 미친다. 이들은 좋은 사회적 관계를 유지한다. 한 개인의 의지와 능력이 뛰어나도 혼자만의 힘으로 일어서기란 쉽지 않음을 알기 때문이다. 그래서 이들은 힘들 때 주변 사람에게 의지할 줄 안다. 타인에게 자신이 필요할 때 역시 기꺼이 자신의 어깨를 내준다.

고난을 이겨내기 위해서는 끈기와 인내심이 필요하다. 긍정적으로 생각해도 그 고난에 따른 고통이 크다면 막연히 참고 기다리긴 어렵다.

인내를 가지기 위해서는 고난에 대한 '인식'이 중요하다. 회복탄력성이 있는 사람들은 어려운 문제 상황을 부담과 스트레스로 여기지 않고 '도전과제'로 받아들인다. 기본적으로 자신이 상황을 통제할 수 있다고 믿기 때문이다.

탁월한 인지적 능력도 한몫한다. 이들은 자신의 독특한 능력을 통해 문제를 해결하고 현실적인 계획을 세운다.

회복탄력성을 높이는 방법

전문가들에 의하면, 회복탄력성은 어려서부터 길러진다고 한다. 부모의 양육 방식, 분위기, 태도는 아이들의 회복탄력성 형성에 영향을 준다. 따뜻하고 수용적인 분위기에서 아이들은 부모의 유연함을 배운다.

트라우마를 언제 경험했는지도 회복탄력성에 영향을 준다. 누구에게나 트라우마가 있지만, 특히 어린 시절 신체적, 성적, 정서적 학대와 방임 등으로 생긴 트라우마는 마음에 치명적인 상처를 남긴다. 이는 무의식에 새겨져 있다가 성인이 되어 우울증, 불안장애, 공황장애 등으로 이어질 수 있다.

'어린 시절 트라우마 때문에 지금 내가 이렇게 나약한가?' 하는 생각이 들 수도 있다. 하지만 당신과 나, 우리는 나약하지 않다. 우리가 자라며 헤쳐 온 길을 떠올려 보자.

우리는 배우고, 노력하며 끊임없는 시행착오를 겪어왔다. 시험에 합격하고, 학교에 들어가고, 취직하고, 결혼하고, 가정을 이루지 않았는가. 이 모든 것이 자신의 힘과 주변의 좋은 영향력을 토대로 이뤄 낸 결과다. 이것만으로도 참 대단하고 감사한 일이다.

중요한 것은 현재의 내가 긍정적 자세로 미래를 향해 가고 있는지다. 앞에서 이야기했듯 우리 뇌는 훈련하면 바뀐다. 회복탄력성 역시 마찬가지다.

회복탄력성을 높이려면 어떤 훈련이 필요할까?

첫째, 주변 사람들과 좋은 관계를 유지하자. 성격이 외향적이든 내향적이든 상관없이 우리는 주변 사람들과의 유대감을 통해 힘을 얻는다. 너무 혼자 외곬으로 있지 말자. 사회적 동물인 인간은 혼자서 살아갈 수 없는 존재다. 가족, 친구, 이웃들이 필요할 때 기꺼이 돕고, 그들이 도와줄 때 받아들이자.

둘째, 어떤 위기든 해결할 수 있는 문제로 여기자. 최악의 상황도 반전시킬 수 있다는 믿음, 힘든 일을 잘 이겨 내면 미래에 더 성장한 자신을 만날 수 있을 것이라는 믿음을 가져 보자.

셋째, 현실적인 목표를 세우고 실행하자. 불가능한 목표를 세우고 좌절하고 있지 않은지 현실적으로 따져 보자. 단련이 필요한 모든 것에는 꾸준함이 필요하다. 작은 목표를 매일 이룰 수 있는 일을 찾아보고 실천하자.

넷째, 스스로 편안함과 재미를 느끼는 일을 하자. 평소 성실 지옥에 갇혀 살아온 사람들은 이것을 쉽게 간과하곤 한다. 자기 자신을 즐겁게 해 줄 수 있는 사람이 어려운 상황에서도 단단할 수 있음을 기억하자.

어떤 사람들은 누군가의 말 한마디에 한강 다리에서 뛰어내리고, 어떤 사람들은 전 재산을 잃거나 극악무도한 범죄를 당하고도 꿋꿋이 살아간다. 엄청난 고통과 상실감을 경험하고도 끝내 긍정을 찾는 이들이 있다. 고통이 영원하지 않으리라는 것을 믿고 자신의 삶을 살아 낸다.

지금 이 순간, 고통이 아닌 당신이 좋아하는 것을 떠올릴 수 있다면, 삶이 바닥을 쳐도 다시 일어날 수 있다. 조금 더 넓은 시각으로 보고 과거에 얽매이지 않는다면 암울한 현실에서도 희망을 가질 수 있다. 그러니 살아 봐야지 않겠는가. 떨어져도 튀는 공처럼 말이다.

리셋, 다시 나로 살고 싶은 당신에게

02

퇴사를 결심했다면
인생의 경로를 바꿔도 좋다

　정오가 다 될 무렵, 한산한 2호선을 타고 익숙한 역에 내렸다. 한때 수없이 올랐던 계단을 오르니 익숙한 풍경이 펼쳐졌다. 빽빽한 빌딩 숲 사이로 사원증을 목에 건 사람들이 삼삼오오 쏟아져 나왔다. 한 시간의 자유를 얻은 사람들의 표정이 화창한 날씨만큼이나 밝았다. 습관처럼 걷다 보니 어느덧 오늘의 목적지에 도착했다.

회사를 잠시 그만두기로 했습니다

  "잘 지냈어?"

팀장님이었다. 그녀를 마지막으로 본 것이 지난 겨울이었으니, 거의 6개월 만이었다.

"네, 잘 지냈어요. 좋아 보이세요."

"난 자꾸 살이 쪄서 큰일이야."

"아니에요, 그대로 신데요. 배고프시죠? 어디로 갈까요?"

"자기가 먹고 싶은 거로 먹자. 배 안 아픈 거로."

그녀는 내가 과민성 대장증후군으로 자주 고생했던 사실을 기억하고 있었다. 우리는 회사 바로 앞 쌀국수집으로 들어갔다. 대화하기 적당한 곳인지 살피는 동안 주문한 음식이 빠르게 놓였다.

  언제나처럼 우리의 식사 시간은 그리 길지 않았다. 빨리 먹고 일어나는 생활이 몸에 밴 탓인지, 그녀도 나도 유난히 식사를 빨리하는 편이었다. 그런 면에서 그녀와 나는 템포가 비슷한 편이었다. 급하거나, 순발력 있거나, 서두르는 데가 비슷했다. 상사와 부하직원이라는 것 외에 그녀와 나를 달리 정의할 수 있을까. 어딘가에서 우연히 만난다면 나는 그녀를, 그녀는 나를 서로 어떻게 기억할까. 반년 가까이 되는 시간은 많은 기억이 증발하고 희석되기에 충분한 시간이었다.

"어디에 앉을까?"

식사를 마치고 근처 카페로 자리를 옮겼다. 우리는 주문한 커피를 들고 아치형의 창문가에 앉았다. 대담하지 못한 심장이 방망이질하기 시작했다.

'나답게. 그냥 나답게 말하면 돼.'

  "원래는 다음 달 초에 회사에 복귀할 예정이었는데요."

나의 이야기는 과거형 문장으로 시작되었다. 한동안 어떻게 살았는지, 뭘 하며 지냈는지, 지금 내 상태는 어떤지, 정리되지 않은 말들이 두서없이 쏟아져 나왔다.

내 이야기가 이어질수록 그녀의 표정은 점점 심각해졌다. 이윽고 두서없이 이어지던 내 이야기가 갈피를 잡았다. 나는 잠시 호흡을 가다듬고 하고 싶었던 말을 어렵사리 꺼냈다.

  "그래서… 회사를 잠시 그만두기로 했습니다. 회사에서는 휴직 기간을 더 연장할 수 있다 했지만, 이젠 자신을 좀 놓아주고 싶어졌어요. 모든 걸 내려놓고 순수하게 하고 싶은 거 하면서 살아 봐야겠다는 생각이 들었어요. 집에서 글도 쓰고, 그림도 그리고, 몸도 다시 튼튼하게 만들고. 앞으로 뭐가 되든, 저 자신으로 살아 보고 싶어졌어요. 그래서 오래 고민한 끝에, 회사 복귀일을 저의 퇴직일로 정했습니다. 기다려 주셨는데… 죄송합니다."

　　하고 싶었던 말, 해야 했던 말들을 그렇게 끝냈다. 그녀와 함께 보낸 몇 년이 빠르게 감기는 화면처럼 눈앞에 스쳐 지나갔다. 언제나처럼 그녀를 만나면 긴장하곤 했던 몸이 미세하게 떨리고 있었다.

'잘했어.' 땀이 난 손바닥을 청바지에 문지르며 나에게 속삭였다. 여러 감정이 동시에 밀려오는 듯했다. 커피 한 모금을 마시고 고개를 들었을 때, 그녀의 눈은 눈물로 가득 차 있었다.

"회사 일을 생각하면 좋은 인재를 놓치는 게 아깝지 나는. 그런데 회사, 일, 다 떠나서 내 앞에 있는 한 사람을 생각하면 그저 하고 싶은 것 맘껏 하면서 행복했으면 좋겠어. 자긴 똑똑하고 재능도 많은 사람이잖아. 뭘 해도 잘할 거야."

　　예상 밖의 반응이었다. 하지만 빗나간 예상이 무엇이었는지는 알 수 없었다.

"어떤 것을 하든, 응원할게."

그녀의 응원에 가슴이 뜨거워졌다. 쏟아지려는 눈물을 참고 그녀의 응원에 답했다.

"감사합니다. 나중에 돌아오고 싶어지면, 재취업에 도전하겠습니다. 받아만 주신다면!"

내가 명랑하게 웃어 보이자, 그녀는 "그럼 그럼, 언제든지 연락해" 하며 따뜻하게 답해 주었다.

　퇴사를 위해 거쳐야 할 공식적인 '면담'이 그렇게 마무리되었다. 나는 그녀와 작별한 뒤 지하철 출입구를 내려가며 조금 전까지 걸어왔던 길을 뒤돌아보았다. 그리고 과거의 나 자신에게 용서를 구했다. 보도 위의 비둘기들, 차들로 가득한 8차선 도로, 직장인으로 붐비는 프렌차이즈 카페들, 매일 아침 그토록 혐오했던 거리의 피조물들을 좀 더 사랑해 주지 못했던 지난날의 나에게 깊은 사과를 보냈다.

'그동안 너무 미워해서 미안해. 잘 지내.'

　그로부터 2주 뒤, 나는 반복되고 익숙했던 모든 것과 이별했다. 몇 번의 퇴사를 경험했지만, 도망치듯 나왔던 과거와는 달랐다. 삶에 대한 변화의 동기가 이번만큼 강력했던 때는 없었다.

클라우스 베른하르트는 《어느 날 갑자기 공황이 찾아왔다》에서 자신을 가르친 선생님의 말씀을 인용해 말했다.

'사람들은 딱 두 가지 이유로 변한다. 엄청난 고통을 겪거나, 위대한 목표가 있을 때.'

그의 말처럼, 나는 변했다. 엄청난 고통을 겪었고 꿈이 생겼고, 꿈을 위한 목표가 생겼다.

결국 나는 나다움을 되찾았기에 기쁜 마음으로 퇴사할 수 있었다. 삶에서 큰 변화를 맞이해 본 사람들은 알 것이다. 변화의 움직임은 더는 고통스러워 버틸 수 없거나, 자신을 걸 만큼 원하는 일이 있을 때 일어난다는 사실을.

나 역시 두려움으로 움츠려 있을 땐 알지 못했다. 인생을 개척하기 위해서는 다소 무모하리만큼의 용기가 필요하고, 그만한 용기는 특별한 사람에게서 나오는 것이라 여겼다. 하지만 아니었다. 단지 나는 꿈과 목표를 향해 내달리는 법을 잊어버린 것이었다.

인생을 바꿀 용기란 다름 아닌 '나 자신'에게서 나온다. 용기를 내려면 자신에게 진지하게 질문할 수 있어야 한다. 어떻게 살고 싶은지, 어디서 살고 싶은지, 어떤 재능으로 살아야 행복할지를 말이다.

남편을 포함해 몇몇 친구들, 동료들에게 이런 질문을 해 보았지만, 대부분 쉽게 답을 내놓지 못했다. 직장생활이 좋든, 독립이 좋든 기본적인 문제의 답을 찾으면 누구나 만족스러운 삶을 살 수 있다. 하지만 방향성이 없다면 자신의 길을 확신하기 어려울 것이다.

나의 버킷리스트는 무엇인가

만일 당신이 긴 터널을 지나온 끝에 퇴사를 결심했다면 그 용기에 박수를 보내고 싶다. 결심 그 자체로 용기를 낸 것이므로. 이제 새로운 삶을 위한 준비를 하자. 삶에서 중요한 것과 내가 할 수 있는 일, 내가 해야 할 일이 무엇인지 고민해 보자. 당신의 관심사는 무엇인가? 무엇을 좋아하고, 무엇에 흥미를 느끼는가? 어린 시절부터 지금까지 줄곧 당신을 설레게 하는 일은 무엇인가? 당신이 시간 가는 줄 모르고 하는 일, 힘든 줄 모르고 하는 일은 어떤 일인지 생각해 보자.

'우리는 관심 있는 일을 할 때 만족감과 행복을 느낀다.' 세계적인 베스트셀러 《그릿》의 저자 엔젤라 더크워스는 거의 모든 직업이라 할 만큼 많은 연구 자료를 메타 분석해 이 같은 결론을 얻었다.

더크워스에 따르면 성공을 이끄는 끈기와 투지, '그릿'을 가진 대부분의 사람들이 수년간 자신의 관심사를 탐색하며 보냈다고 한다. 또 자신의 관심사와 맞는 일을 하면 좋은 실적을 올리고 한 직장에 오래 다녔다고 한다.

우리도 스스로의 관심 분야에서 좋아하는 일을 찾아 보자. 당장은 그런 일을 찾을 수 없을지 모른다. 그렇더라도 인내를 가지고 시도해 보자. 무슨 일이든 직접 해 보지 않고는 그 일에 대해 판단하긴 어렵다.

다들 죽기 전에 하고 싶은 일, '버킷리스트' 한두 가지는 있을 것이다. 자신의 꿈에 대해 생각하고, 목표를 세워 보자. 당장 살날이 얼마 남지 않았다는 생각을 하면 하루도 허투루 살수가 없다.

혹시 버킷리스트조차 가지고 있지 않다면, 지금 당장 이루고 싶은 꿈을 열 가지만 써 보자. '죽기 전에 꼭 한번 해 보고 싶은 것', '언젠가는 이루고 싶은 것', '다시 태어나면 하고 싶은 것' 등 무엇이든 상관없다. 실현 가능성은 내려놓고 일단 써 보기로 하자. 예를 들면 이렇게 말이다.

- 외국에서 한 달 이상 살아 보고 싶다.
- 대학에 다시 들어가 새로운 전공을 배우고 싶다.
- 작품을 만들어 전시회를 열고 싶다.
- 무라카미 하루키처럼 하와이에 살면서 소설을 쓰고 싶다.
- 내 이름으로 된 도서관을 짓고 싶다.

리셋, 다시 나로 살고 싶은 당신에게

허무맹랑한 꿈이라도 좋다. 엉뚱한 꿈이라도 이런 소망들은 우리의 인생 방향을 찾는 데 도움이 된다. 우리가 꿈을 적어 봐야 하는 이유는 '방향성 있는 목표'를 세우기 위함이다. 새로운 인생을 살겠다는 마음을 먹었다면 목표 역시 달라져야 한다.

꿈을 현실로 만들 목표를 세우자. 목표를 실천 가능한 작은 단위로 나누고, 필요한 것들을 모두 적어 본다. 돈, 능력, 사람, 시간, 뭐든지. 어떤 활동이 필요하고 언제, 어떻게 할 것인지 구체적인 계획을 세워 본다.

그리고 그 작은 목표들을 이루기 위한 실천을 매일 조금씩이라도 하자. '하와이에서 소설 쓰기'가 꿈이라면 매일 한 줄이라도 글을 쓰고, 하와이에 갈 비용을 모아야 한다. 작은 실천으로 꿈을 향해 한 발 한 발 다가가 보자.

꿈에 집중하기 위한 자기최면

꿈에 집중하기 위해서는 어느 정도 '자기최면'이 필요하다. 성공한 사람들은 시각적 도구의 힘을 빌려서라도 꿈에 집중한다. '난 반드시 할 수 있다!' 같이 성공을 확신하는 확언을 잘 보이는 곳에 붙여두고 매일 읽는 식이다.

자신이 원하는 것과 비슷한 성공을 한 사람을 찾아 그들의 비법을 들어보는 방식도 큰 힘이 된다. 그들의 책을 읽고, 강의를 들어 보자. 거기에서 몇 가지 중요한 통찰을 얻을 수 있을 것이다. 새로운 사람들을 만나자. 호기심을 자극하자. 하고 싶은 일을 하며 살아가겠다는 결심은 번아웃과 무기력함에서 벗어나게 한다. 새로운 인생을 살 수 있다는 가능성, 그 마음가짐만으로도 힘이 솟기 때문이다.

퇴사 이후의 나는 온전히 좋아하는 것들로만 채운 내 서재에서 글을 쓰고 있다. 매일 글을 읽고 쓰는 나는 그 어느 때보다 행복하다. 이 책이 완성되면 다음 책을 쓸 것이다. 쓰고 싶은 주제들도 넘쳐난다.

죄책감, 두려움, 수치심, 불편함 등 마음의 저항을 이겨 내면 당신도 할 수 있다. 나라고 왜 두려움이 없었겠는가. 단지 두려움을 넘어설 만큼 하고 싶은 일을 찾고, 마음의 방향을 따라 움직였을 뿐이다. 그 결과 이 시간을 진정으로 즐기고 있다.

당신이 하고 싶은 일이 있다면 그것을 향한 열망을 꼭 붙잡길 바란다. 내가 하고 싶은 일로 스스로의 미래를 채우고자 할 때, 그 기쁨과 설레임은 이루 말할 수 없다. 몸에서는 에너지가, 눈에서는 빛이 난다.

리셋, 다시 나로 살고 싶은 당신에게

리셋,
다시 나로 살고 싶은
당신에게

온전한 자기 자신으로 살아가기

퇴사 후 얼마 되지 않아 살던 집의 전세 계약이 만료되었다. 재계약을 할지 고민하다 경기도에 있는 남편 회사 근처로 이사를 했다. 생각해 보면 꽤 도전적인 일이었다. 고3 때 홀로 상경한 이후 줄곧 서울을 벗어난 적이 없었던 나였다. 그런 내게 서울은 삶의 터전이자 제2의 고향이나 다름없었다.

하지만 삶의 변화를 원했던 우리 부부에겐 그런 사실이 별문제가 되지 않았다. 새로운 삶을 살아 보고 싶다는 확고한 의지, 변화를 받아들일 용기. 모든 것이 준비된 우리는 무더운 여름, 정들었던 동네를 떠났다.

이사 온 곳은 여러모로 더 나은 환경이었다. 빌딩으로 빼곡한 도심에서 벗어나니 하늘 보기가 좋아졌고, 조용히 거닐 만한 숲과 공원이 많았다.

"와! 하늘 좀 봐요!"

남편은 드넓은 평원 뒤로 펼쳐진 선홍빛 노을을 특히 좋아했다. 매일 다른 표정을 보여 주는 하늘을 넋 놓고 바라보는 일이 많아졌다. 때론 밤 산책을 하면서 별구경을 했다. 서울에서 조금 떨어졌을 뿐인데 별이 이렇게 잘 보인다는 사실이 신기했다.

"여기 오니 하늘을 자주 보게 되네요. 별이 원래 이렇게 잘 보였던가요?"

"글쎄요. 서울에 있을 땐 맨날 밤늦게 집에 들어갔으니, 하늘 볼 시간도 없었던 거 같아요."

"전 매일 퇴근하면서 저 별을 봐요."

"저렇게 선명한 게 별이라고요? 인공위성이겠지!"

남편에게 인공위성이 분명하다고 우겼던 금빛 별은 알고 보니 토성이었다.

"저건 무슨 별이지?"

"저건 직녀성이래요."

집에서 잘 보이는 별은 '베가'라고 부르는 직녀성이었다. 지난

여름 거실에서 볼 수 있었던 달은 이젠 다른 방으로 가야 볼 수 있다. 하늘을 탐색하며 자연의 이치에 의문을 갖는다는 건 상상하지 못했던 일이었다. 문득 궁금해졌다. 내가 더는 도시를 좋아하지 않게 된 걸까. 아니면 그간 나는 자신에 대해 잘 모르고 있었던 걸까.

　이전에 집을 구할 때는 직장 위주였다. 일과 커리어가 중요했던 내게 서울 한복판에 자리한 그 집은 최적의 장소였다. 다른 사람들이 집을 구할 때처럼 평범한 조건들을 따져 물었고, 적당히 깔끔하고 편리한 집을 구했다. '어떤 삶을 살아야 더 행복한가'에 대한 질문은 없었다.

이사를 와서 보니 '안식처'라는 곳 역시 '자기 본성'대로 살 수 있는 곳이어야 한다는 믿음을 갖게 되었다. 뼛속까지 도시인인 줄 알았던 우리가 자연을 이렇게 갈망하게 되리라곤 예상치 못했다. 남편은 여름밤의 풀벌레 소리가 이렇게 좋은지 몰랐다며, 종종 퇴근길에 집 앞의 벤치에 앉아 있다 온다고 했다.

"예전부터 풀벌레 소리를 좋아했어요?"

"아뇨."

그 순간 그 역시 자신도 몰랐던 자기 자신과 마주했을 것이다. 내가 이곳에 와서 아직 발견해야 할 나 자신이 많다는 사실을 깨달았듯이. 재밌고도 설레는 일이다.

평일 오후 조용한 공원을 걷다 보면 '이래도 되나?' 싶을 정도로 평온하다. 하지만 새로운 곳에서 새로운 자신을 마주하는 만큼 과거의 자신도 자주 마주하게 된다.

또각또각 바쁜 구두 소리를 내며 카페로 들어가 '커피 수혈'을 하던 나, 연달아 이어지는 회의에 배를 곯던 나, 막막한 문제들과 씨름하며 머리를 쥐어짜던 나. 해소되지 못한 감정들, 삶의 의미를 모르던 나날들. '다시 그때로 돌아간다면 더 잘살 수 있을까?'라는 의문이 드는 몇몇 시점으로 돌아가, 현재의 나로 과거의 숙제를 풀어 보곤 한다.

박제된 기억에 대한 고통은 이미 휘발되고 없다. 기억만으론 그때 좀 더 현명하게 대처할 수 있었을 것 같기도 하다. 하지만 이제 무엇이 더 옳았는지는 중요치 않다. 그때의 나에게 그저 박수를 보내고 싶다.

나는 그저 초만원인 2호선에 몸을 구겨 넣고 숨을 참는 평범한 직장인이었다. 대도시의 시민이자, 삶의 본질을 제대로 이해할 기회가 없었던 한 사람이었다. 그때는 영원히 풀릴 것 같지 않아 보였던 삶의 문제들로 씨름했지만, 지나고 나니 아무것도 아니었다. 조금만 욕심을 내려놓고 자신을 돌아볼 수 있었다면, 아무 일도 아닐 수 있었다.

그동안 진흙처럼 쌓여 있던 삶의 문제들이 시간에 씻겨 나
갔다. 과거의 나와 지금의 나는 크게 다르지 않다. 나는 여전히
조바심 많고, 두려움도 많은 사람이다. 뭔가 대단한 사람이 되
지도, 특별한 사람이 되지도 않았다. 그저 '나답게' 산다는 게
뭔지 알게 되었을 뿐이다.

하지만 그것만으로도 인생의 새로운 국면을 맞이할 수 있었
다. 고통은 사라지고 감사와 사랑만 남았다. 이제 그것으로 무
엇을 해야 하는지 안다. 어떤 일이 있어도 나를 믿고 가야 한다
는 것. 계속해서 '나 자신'이어야 한다는 것. 그것이 회사를 그
만두고 얻은 가장 큰 보물이다.

퇴사 직전 상무님이 해 주셨던 말이 오래도록 가슴에 남는
다.

"김 과장, 이제 너 하고 싶은 대로 해. 다른 사람 말 다 필요 없
어. 너 하고 싶은 대로 다 해."

우리는 수많은 두려움과 죄책감 속에 자기 자신을 속이곤 한
다. 할 수 없을 거란 두려움, '하고 싶은 대로만 살 수 없다'는
죄책감에 지배당한 나머지 자신이 누구인지조차 잊어버린다.
하고 싶은 대로 살아도 된다. 우리 본성대로 살아도 된다. 회사
를 그만두고 하늘을 더 많이 보고, 풀벌레 소리를 좋아해도 큰
일이 일어나지 않는다.

리셋, 다시 나로 살고 싶은 당신에게

'내가 이렇게 살아온 것은 다 부모님 때문이야.'
'남편은 절대 이해 못해 줄 거야.'
'나도 어쩔 수 없었어!'
'그동안 애들 때문에 참았지.'

자신에게 솔직해지자. 두려움 때문이라고, 그렇게 살 용기가 나지 않는다고 인정하자. 그 인정부터가 '용기'이다. 삶에 대한 책임은 나에게 있다. 고통에서 벗어나는 것도 오직 나만이 할 수 있다.

세상 누구도 나에게 존중 없는 환경에서 견디라고, 불행을 참아야 한다고 요구할 수 없다. 인정할 것은 인정하고 당당히 자신을 책임지자. 두려움을 떨치면 자유롭고 가볍게 살아갈 수 있다. 그것이 두려움을 극복한 대가다.

지금껏 자신이 구축해 놓은 삶을 돌아보자. 자신이 진정 원했던 것을 어느 시점부터 놓아 버리진 않았는가. 현실적이라는 이유로 적당히 타협해 버리진 않았는가. 한때 꿈꿔 왔던 직장이 현실이 된 지금, 당신의 삶에 만족하는가. 삶의 변화는 자신에게 솔직해지는 데에서 시작된다.

"자기 자신으로 산다는 게 어떤 느낌인 거야?"
종종 이렇게 묻는 사람들이 있다. 그러면 나는 이렇게 답한다.

"내가 원해서 뭔가를 하려 할 때, 마음에 전혀 거리낌이 없는 것. 타인을 의식하지 않고 편안하게 사는 것. 죄책감이나 수치심, 불편함이 없는 나로 있는 것. 그 상태로 자신감과 확신을 가지고 살아가는 것."

다시 말해 자신을 있는 그대로 사랑하는 것이다. 이 느낌을 유지하며 산다면 현재를 살 수 있다. 전보다 많은 것이 마음으로 느껴지기 시작한다. 과거에 얽매이거나 미래에 불안해하지 않고 주어진 하루에 충실할 수 있다.

'이건 내가 아니야.'

당신의 내면에서 이런 목소리가 들려온다면, 자기 자신으로 살지 못하고 있는 것이다. 나다운 나는 누구인가. 돌고 돌아 당신은 결국 어떤 사람인가. 세상에 큰 성공을 이룬 사람들, 우리가 천재라고 여길 만한 성과를 낸 사람들은 '나는 누구인가'라는 질문에 대한 답을 일찍이 깨달은 사람들이다.

우리는 자기 자신으로 살 때 스스로 기적을 만들어 낼 수 있다. 이 순간의 나를 느껴 보자. 살아있음을 느끼자. 다른 누구도 아닌, 나 자신이 되자. 세상의 모든 숙제의 답이 되자.

■ 도서

《가짜 자존감 권하는 사회》, 김태형, 갈매나무, 2018

《감정은 습관이다》, 박용철, 추수밭, 2013

《감정은 어떻게 만들어지는가?》, 리사 펠드먼 배럿, 최호영(역), 생각연구소, 2017

《공황장애 극복 설명서》, 최영희, 학지사, 2019

《관계를 읽는 시간》, 문요한, 더퀘스트, 2018

《관계의 품격》, 오노코로 신페이, 유나현(역), 비즈니스북스, 2018

《90년생이 온다》, 임홍택, 웨일북, 2018

《굿바이 공황장애》, 최주연, 시그마북스, 2017

《그릿》, 앤절라 더크워스, 김미정(역), 비즈니스북스, 2019

《나는 된다 잘된다》, 박시현, 유노북스, 2020

《나는 오늘도 가면을 쓰고 산다》, 김미숙, 대림북스, 2016

《나는 오늘도 소진되고 있습니다》, 이진희, 대림북스, 2017

《나는 초민감자입니다》, 주디스 올로프, 최지원(역), 라이팅하우스, 2019

《나를 아프게 하지 않는다》, 전미경, 지와인, 2019

《나의 슬기로운 감정생활》, 이동환, 비즈니스북스, 2018

《내 감정을 읽는 시간》, 변지영, 더퀘스트, 2019

《내가 무슨 부귀영화를 누리겠다고》, 진민영, 문학테라피, 2019

《너무 성실해서 아픈 당신을 위한 처방전》, 파스칼 샤보, 허보미(역), 함께읽는책, 2016

《네 가지 질문》, 바이런 케이티, 김윤(역), 침묵의향기, 2013

《당신의 삶에 명상이 필요할 때》, 앤디 퍼디컴, 안진환(역), 스노우폭스북스, 2020

《더는 태울 수 없어서》, 이재은, 위즈덤하우스, 2020

《마음의 미래》, 미치오 카쿠, 박병철(역), 김영사, 2015

《매우 예민한 사람들을 위한 책》, 전홍진, 글항아리, 2020

《멍 때리기의 기적》, 스리니 필레이, 안기순(역), 김영사, 2018

《모멸감》, 김찬호, 문학과지성사, 2014

《민감한 나로 사는 법》, 다케다 소운, 김지윤(역), 글담, 2018

《민감한 사람을 위한 감정 수업》, 캐린 홀, 신솔잎(역), 빌리버튼, 2020

《번아웃》, 크리스티나 베른트, 유영미(역), 시공사, 2014

《빅터 프랭클의 죽음의 수용소에서》, 빅터 프랭클, 이시형, 청아출판사, 2005

《상처 받지 않는 영혼》, 마이클 싱어, 이균형(역), 라이팅하우스, 2014

《센서티브》, 일자 샌드, 김유미(역), 다산지식하우스, 2017

《아들러 삶의 의미》, 알프레드 아들러, 최호영(역), 을유문화사, 2019

《아무것도 하지 않는 시간의 힘》, 울리히 슈나벨, 김희상(역), 가나출판사, 2016

《어느 날 갑자기 무기력이 찾아왔다》, 클라우스 베른하르트, 추미란(역), 동녘라이프, 2020

《어느 날 갑자기 공황이 찾아왔다》, 클라우스 베른하르트, 이미옥(역), 흐름출판, 2019

《오늘도 예민하게 잘 살고 있습니다》, 송지은, 사우, 2018

《유튜브를 잠시 그만두었습니다》, 심정현, 위즈덤하우스, 2019

《자존감 수업》, 윤홍균, 심플라이프, 2016

《자존감의 여섯 기둥》, 너새니얼 브랜든, 김세진(역), 교양인, 2015

《자존감의 첫 번째 계단》, 너새니얼 브랜든, 고연수(역), 교양인, 2018

《지금 이 길이 내 길인지 묻는 그대에게》, 디아나 드레센, 장혜경(역), 갈매나무, 2016

《직장생활의 99%는 관계다》, 이현주, 메이트북스, 2019

《컴 클로저》, 일자 샌드, 곽재은, 인플루엔셜, 2019

《88만원세대》, 우석훈·박권일, 레디앙, 2007

《하버드 감정 수업》, 쉬셴장, 송은진(역), 와이즈맵, 2019

리셋, 다시 나로 살고 싶은 당신에게

■ 웹사이트 자료

http://www.research-paper.co.kr/news/articleView.html?idxno=613

- '시냅스 연결 약화'로 기억 지우기 가능해지나

https://m.post.naver.com/viewer/postView.nhn?volumeNo=9335428&memberNo=39007078

- '특정 뉴런 연결 약화'로 트라우마 극복이 가능할까?

https://blog.naver.com/dkfqpsekwhf/221328619381

- 뇌 구조와 감정

https://post.naver.com/viewer/postView.nhn?volumeNo=16375274&memberNo=16265963&vType=VERTICAL

- 창의성의 뇌를 열어라

https://www.ibric.org/vod/vod_detail.php?nNum=14700

- 신경전달물질, 그리고 우리의 행동(동영상)

https://post.naver.com/viewer/postView.nhn?volumeNo=30348389&memberNo=16265963

- 공부는 전두엽을 키운다

https://www.hani.co.kr/arti/PRINT/901665.html

- '기억은 어디에 저장되는가' 110년 된 '엔그램' 수수께끼

https://news.naver.com/main/read.nhn?oid=001&aid=0006554806

- '한국=워커홀릭'… 해외사이트 각국 키워드 선정

■ 47~48, 256쪽 TIP 참고문헌

《공황장애 극복 설명서》, 최영희, 학지사, 2019

《굿바이 공황장애》, 최주연, 시그마북스, 2017

《나는 오늘도 소진되고 있습니다》, 이진희, 대림북스, 2017

《어느 날 갑자기 공황이 찾아왔다》, 클라우스 베른하르트, 이미옥(역), 흐름출판, 2019

근로복지넷(https://www.workdream.net)

《아무것도 하지 않는 시간의 힘》, 울리히 슈나벨, 김희상(역), 가나출판사, 2016

리셋,
다시 나로 살고 싶은
당신에게